LES MYSTÈRES

DU

PALAIS-ROYAL

PAR

SIR PAUL ROBERT.

TOME PREMIER.

PARIS,

BAUDOUIN, IMPRIMEUR, | LE CLÈRE, LIBRAIRE-ÉDIT.,
Rue des Bouch.-St.-G., 38. | Rue des Grands-Augustins, 1.

1845.

LES
MYSTÈRES,
DU
PALAIS-ROYAL,

Imp. de P. Baudouin, r. des Bouch. St-G., 38.

LES
MYSTÈRES
DU
PALAIS-ROYAL,

PAR

SIR PAUL ROBERT.

TOME PREMIER.

PARIS,

BAUDOUIN, IMPRIMEUR, | LE CLÈRE, LIB.-ÉDIT.,
38, rue des Boucheries-St-Germ. | 1, rue des Grands-Augustins.

1845

I.

Un caveau de la rue de Valois.

Le Palais-Royal est au reste de Paris ce que Paris est au reste de la France ; c'est la capitale de la capitale, la quintescence de la Babylone moderne.

Il est inutile de dire que nous entendons par Palais-Royal, non les appartements royaux faisant face à la rue Saint-Honoré; mais bien ces longues galeries qui s'étendent du sud au nord, de l'est à l'ouest, entre lesquelles végètent, sous quelques arbres rabougris, de pauvres enfants étiolés, des femmes aux grâces d'emprunt, qui viennent demander à la loueuse de chaises la tolérance que, depuis plusieurs années, la police leur refuse en ce lieu; où circulent des hommes de toute taille, de tout âge, de tous les états, de toutes les nations ; où pullulent les fripons de tous les genres et les dupes de toute espèce; véritable cour des Miracles du dix-neuvième siècle, où se montre dans tout son éclat le luxe de notre époque, luxe de clinquant, d'or faux, de diamants de verre; où l'on peut, d'un regard synthétique, saisir l'ensemble merveilleux de notre civilisation.

Autour de cette cité que l'on pourrait croire antée sur Sodome et Gomorhe, règnent des rues basses et fangeuses qui peuvent être considérées comme la banlieue de cette capitale, et qui sont habitées par des industriels d'une espèce inconnue partout ailleurs : c'est là qu'on trouve des cafés étranges, des restaurants incroyables, établis dans des caves infectes, éclairées par des soupiraux prenant jour au niveau des ruisseaux ; hideuses *tavernes* ou *cavernes* (l'un et l'autre peuvent se dire) où vient s'alimenter une population usée, blafarde, parlant une langue inconnue au reste du monde ; où se pressent des femmes dont les visages s'abritent sous des chapeaux impossibles, que surmontent des fleurs fanées ou des plumes fabuleuses ; où des vieillards hideux sont traînés à la remorque par des jeunes gens aux traits livides, au dos voûté, aux cheveux rares ; toutes physionomies impossibles à décrire, dont la diversité est immense, et sur la plupart desquelles semble stéréotypé le sourire de Méphystophélès.

Le 24 septembre 1840, vers cinq heures

du soir, quatre personnages, trois hommes et une femme, étaient atablés dans l'un de ces réduits immondes, véritables antichambres de l'enfer. Sur une table lourde, puante, couverte d'une nappe graisseuse et maculée, se trouvaient, mal rangés, une assiette où nageaient quelques pruneaux dans une eau rousse, des biscuits de Reims fabriqués au faubourg Saint-Marceau six mois auparavant, et quelques pommes à cidre dans la chair desquelles le plus intrépide Normand n'eût pas mis les dents.

Celui de ces personnages qui semblait présider la réunion était un homme de cinquante ans environ, gros, court, au regard narquois, au visage rouge et bourgeonné ; il avait la voix haute et la parole brève, toutes les fois qu'un asthme, passé depuis longtemps à l'état chronique, ne l'obligeait pas à parsemer la musique de ses discours de points d'orgue intempestifs.

Cet homme avait été tour à tour cuisinier et garçon servant au café du Sauvage, souteneur de filles, marchand de cannes à dard et de chaînes de sûreté dont il était l'un des inventeurs. Devenu vieux, il vendait des livres obscènes et des choses sans nom, toujours au Palais-Royal, où la police est très active, à ce que l'on dit, quoiqu'il n'y paraisse guère. Cet homme se nomme Pichelet.

Le plus important des deux autres se nomme Joab Jérésu; c'est un Juif de quarante-cinq ans, petit, maigre, les yeux ardents, le cuir tané. Il a débuté par être garçon de billard au café des Variétés, immense caverne où l'autorité tolérait autrefois deux théâtres, des chanteurs, des escamoteurs, parmi lesquels se faisait remarquer le fameux Préjean. En 1815, Jérésu s'était fait agent de police, alors que la réaction royaliste rendait le métier bon;

plus tard il avait joué un rôle dans le duel de Chodruc-Duclos avec le colonel Fabvier. En 1830, il avait vendu de ces livres immondes que des voix rauques et des bouches empestées criaient au Palais-Royal jusque sous les fenêtres du roi : c'étaient *le Duc de Bordeaux bâtard* ; *une Chemise de femme chez l'archevêque*; etc. Puis il s'était fait marchand de feu ou allumeur de cigares, cicérone des maisons de plaisirs, et par-dessus tout filou au premier chef.

L'aspect de cet homme, ou plutôt de ce crétin, était extraordinaire, surtout à cause du costume dont il était affublé. Sur son pantalon de drap d'une couleur inconnue, tombait une sorte de redingote rongée par le temps à l'extrémité inférieure, de manière à figurer des franges fantastiques auxquelles pendaient des filaments d'une boue noire et durcie par le temps; ses longs pieds plats se perdaient dans d'énormes souliers dont les quartiers se repliaient sur des talons absents, et sa tête se cachait sous une énorme casquette en feutre gris qui datait des derniers jours du directoire.

Le troisième de ces personnages s'intitulait le capitaine Riboulot ; c'était un de ces restes dégénérés de l'armée impériale, ex-pilier des maisons de jeu, où il ne se montrait, dans les derniers temps, que pour rançonner les gagnans candides, et demander de la bière à *messieurs de la chambre*, et qui maintenant n'avait d'autre profession que celle d'accepter des lettres de change, à raison de vingt sous par mille écus, au profit de messieurs les industriels ayant des millions en... perspective, et rien en caisse.

La femme était une ex-célébrité ; en 1816 on l'appelait *la Picarde* ; c'était l'une des nymphes les plus courues du temple dont *la Lévéque* était la grande prêtresse. A cinquante ans, la Picarde avait eu l'idée de se faire honnête femme; cela lui avait mal réussi; n'est pas honnête femme qui veut. Elle est maintenant gardeuse d'enfants au Palais-Royal, et comme elle a, par réminiscence, le cœur excessivement sensible, elle donne aux petits oiseaux une partie des tartines destinées aux enfants confiés à sa garde.

— Hum! disait Pichelet en versant dans son verre les dernières gouttes d'un liquide bleuâtre dont quatre bouteilles avaient déjà été consommées, hum! est-ce que le vin manquerait?

— C'est impossible, dit Riboulot, puisque nous avons les coudées franches. Garçon, du vin!

— Chai bas gonfiance, grogna Jérésu, chai bas peaugoup gonfiance.

— Eh bien, on s'en passera de ta confiance, s'écria la Picarde qui venait de vider d'un trait son verre rempli par Riboulot ; oui on s'en passera... Verse, capitaine ; encore deux doigts pour mon biscuit.... Est-ce que Baldaquin, qui est un homme, un vrai homme, a besoin de la confiance d'un gringalet de ton acabit ?... Si tu n'es pas content, décare plus vite que ça... c'est la Picarde qui te le conseille... toujours la même, franche comme *l'ombre*!... Ces gueux de biscuits, ça pompe tout...

— Le fait est, reprit Pichelet, que Baldaquin est connu pour ne pas manquer à sa parole. Il a dit : J'y serai à six heures au plus tard ; nourrissez-vous en m'attendant, et ne vous inquiétez pas du reste. Nous avons encore plus d'une demi-heure devant nous.

— Pien! pien! grogna de nouveau Jérésu ; mais les Baldaquin ils brobosent, et le bréfet de bolice il tispose.

— Qu'entends-tu par ces paroles ? demanda Pichelet.

— Oui, s'écria Riboulot, qu'entends-tu par ces paroles ? je *t'assomme* de le dire.

— Tam ! c'est pien facile à gomprendre : buisque Baldaquin il affre pesoin de nous, c'est gu'il affoir une affaire pien crante, et les affaires crantes c'être toujours tangereux.

— Tu raisonnes comme une huître. D'abord, les grandes affaires sont toujours moins chanceuses que les petites ; ensuite la chose dont Baldaquin s'occupe en ce moment n'est pas susceptible des désagréments dont tu parles : Baldaquin est à la recherche d'une Circassienne de circonstance, passée odalisque au profit d'un Anglais, et qui s'est éclipsée depuis nombre d'années, elle et son petit. C'est pour retrouver ces susdits objets que Baldaquin réclame notre concours.

— Tiens, tiens, tiens ! c'est peut-être sa femme qui lui aura brûlé la politesse autrefois.

— Picarde, fit Pichelet d'un ton sévère, tu fais tort à tes connaissances féminines ; si Baldaquin avait perdu sa moitié, il ne la chercherait pas : un homme supérieur ne commét pas de ces petitesses-là. Si Baldaquin cherche, c'est qu'il est payé pour cela ; nous chercherons avec lui, et nous serons payés idem, car les jaunets ne manquent pas : je lui en ai vu plein ses poches.

— Ma foi, reprit la Picarde, je n'y comprends rien du tout ; mais ça m'a l'air de promettre pas mal d'agrément... Je crois que j'ai un reste de biscuit dans le gosier.

— Et sur quel terrain chasserons-nous ces bêtes-là? demanda le capitaine.

— C'est justement pour nous mettre sur la voie qu'il nous a donné rendez-vous ici.

— C'était donc ein pien chéli femme, cette Circassienne? demanda Jérésu.

— Oui, il paraît que c'était quelque chose comme ça, il y a une trentaine d'années. Quant à moi, je n'en sais pas davantage; mais Baldaquin pourra nous en dire plus long s'il le juge à propos... Justement le voici.

Baldaquin était un homme de trente ans environ, d'une taille élevée, d'une assez jolie figure; il était vêtu avec une sorte d'élégance; des bagues de prix brillaient à ses doigts; une chaîne d'assez bon goût serpentait sur son gilet; il avait les yeux noirs, le regard perçant, et il s'exprimait avec une certaine facilité; mais les locu-

— Le brigand l'a escofié! Tout est perdu!..... Mais au moins je vais me donner la satisfaction de te tambouriner la peau!

A ces mots Baldaquin se leva, saisit le juif au pantalon et au gilet, vers le milieu du ventre, l'enleva à bras tendu et le lança contre la muraille; il se disposait à le relever à grands coups de bottes, mais Jérésu, bien qu'horriblement meurtri, s'écria :

—Non, non, mézié Paltaquin, j'affre bas esgofié di tout!.... Che l'affre bordé aux Enfants-Trouvés.

— C'est à peu près la même chose, dit Baldaquin en reprenant son siége aussi tranquillement que s'il eût fait la chose la plus simple du monde. Pourtant il y a encore une chance sur mille, ce qui vaut mieux que de n'en plus avoir du tout.....

— Je l'affre perdu te vue dout à fait.

— Mais au moins tu pourrais retrouver la nourrice.

— Oh! oh! fit Jérésu, en accompagnant ces exclamations d'un sourire qui ressemblait à la plus hideuse grimace.

— Parle donc, vieux pourceau; tu auras le temps de rire ensuite, à moins qu'il ne me prenne l'envie de te casser les reins pour te rappeler au respect que tu me dois.

— On m'avait tonné te l'archent, gomprenez-vous?.... Peaucoup te l'archent, et le bétite enfant afec.

— Bon, bon, je comprends, l'argent destiné à la nourrice a passé au bleu. Après?

— Oui, l'archent il affre bassé au bleu...., et le bétite aussi. Il être....

c'était là le vrai bon temps. Telle que vous me voyez, j'ai manqué de passer sultane en chef des Circassiennes ; mais Devaux voulait un nez à la Roxelane, et j'avais l'inconvénient de prendre du tabac. C'est la petite Régine que l'on choisit.

— Tu as connu Régine ?

— Bast! un petit bout de femme avec un minois chiffonné de rien du tout.

— J'affre aussi gonnu peaucoup la bétite, dit Jérésu ; j'affre gonnu son Anglais...... C'est moi qui affre mis son bétite garçon en nourrice.

— Toi, Jérésu ?.... Alors il est bien vrai qu'il ne faut mépriser personne, et qu'il n'y a pas un animal sur terre qui ne soit bon à quelque chose.... Et sais-tu ce qu'il est devenu, cet enfant, qui doit avoir aujourd'hui près de vingt ans?

tions triviales abondaient dans ses discours et décelaient son origine de bohémien de Paris.

—Bravo, vieux! dit-il en entrant, je vois que l'on a compté sur moi, et que vous ne me prenez pas pour un de ces pégriots n'ayant pas les trois quarts du temps un pétard à leur service.... Garçon, du vin! Saluez donc ce maître, ajouta-t-il en saisissant la casquette du juif qu'il jeta sous la table tandis qu'il tendait l'autre main à la Picarde. Et maintenant, mes amis, causons. Qui est-ce d'entre vous qui se souvient du café des *Circassiennes*, fondé, il y a vingt-cinq ans, près de la galerie vitrée, par un nommé Devaux, particulier très connu dans Paris, où il possédait toutes sortes de choses, y compris des jolis filles de toutes les couleurs?

—Ah! Dieu de Dieu! s'écria la Picarde,

Reprends ta place, vide ton verre et écoute attentivement.

Le juif obéit de son mieux ; les trois autres firent silence, et Baldaquin reprit :

— Vous savez quelle est ma profession : je suis cicérone ; je devine l'Italien, je baragouine un peu l'Allemand, j'écorche l'Anglais d'une manière assez satisfaisante moyennant quoi je jouis du privilége de guider les étrangers dans Paris, et de les conduire partout où il ne voudraient pas aller. Il y a quelque temps, un gentleman de Londres me fait appeler à l'hôtel des Princes. — Mon ami, me dit-il en très bon français, on m'a assuré que vous saviez votre Paris sur le bout du doigt, et que vous étiez l'homme connaissant le mien, le Palais-Royal, les mœurs de ce lieu, sa chronique scandaleuse, etc., etc.

— On vous a dit vrai, milord : issu de

l'alliance d'une clarinette du café des Aveugles avec une bouquetière du Perron, j'ai été élevé sous les combles de la salle Montansier :

> Nourri dans le sérail, j'en connais les détours.

où faut-il vous conduire ?

— Il faut m'écouter sans m'interrompre. Il y a vingt-trois ans, un membre du parlement britannique vint à Paris, il devint amoureux d'une jeune fille nommée Régine, qui trônait alors dans un comptoir du café des Circassiennes. Il l'enleva, la fit conduire dans un appartement somptueux qu'il avait fait préparer tout près de ce café. Ils vécurent ensemble pendant trois ans. Régine devint mère. Lord Barstley reconnut comme son fils naturel l'enfant auquel elle donna le jour ; puis il eut la folie de vouloir épouser cette femme. Mais un jour, avant que les préparatifs de cette alliance fussent terminés, la mère et l'enfant disparurent. Lord Barstley les fit chercher, et ne pouvant les retrouver, il quitta Paris pour n'y plus revenir. Il s'agit aujourd'hui de retrouver l'enfant de Régine, et cela doit vous être plus facile qu'à tout autre; car cette fille avait sûrement de nombreuses connaissances au Palais-Royal, peut-être même y avait-elle des parents; tous ne sont certainement pas morts; vous en retrouverez, vous, qui connaissez si bien le personnel de ce lieu. Et d'ailleurs, pour arriver à ce résultat, l'argent ne vous manquera pas. Voici mes conditions : Si vous retrouvez l'enfant de Régine, ou si, d'après vos recherches, sa mort peut être constatée, vous recevrez vingt mille francs. Voici le quart de cette somme, vous n'en aurez pas davantage si vous échouez dans vos recherches. Cela vous convient-il?

En parlant ainsi il avait mis cinq rouleaux d'or sur le guéridon près duquel il était assis. Vous connaissez Baldaquin, mes chers agneaux; vous savez que ce n'est pas un pénitent à bouder contre son ventre quand on lui offre de bons morceaux; j'ai donc accepté d'abord, sauf à réfléchir ensuite. Le résultat de mes réflexions a été la résolution de m'entourer de vos lumières, et vous voyez que, du premier coup, je n'ai pas eu la main trop malheureuse. Maintenant, comment allez-vous opérer? je n'en sais rien; mais je pense qu'il serait bien d'agir chacun de son côté, jusqu'à ce que nous ayons obtenu des renseignements suffisants pour nous concerter et réunir nos efforts au besoin. Ainsi, pas de conseils pour le moment, mais deux repas par jour avec le vin à discrétion, et à chacun un échantillon de la munificence de milord.

A ces mots il leur jeta à chacun une

pièce d'or, et il appela le garçon pour demander la carte.

— Ché fais eine réflexion, dit Jérésu après avoir empoché la pièce.

— Voyons, demanda Baldaquin.

— Pourquoi donc vous êtes-vous mis si fort en golère gand vous avez cru que chavais esgofié le bédite?

Baldaquin se mordit les lèvres ; il sentit que la colère l'avait rendu indiscret, et peu s'en fallut qu'il n'envoyât de nouveau le juif contre la muraille ; mais il se contint et se contenta de répondre :

—Parce que je te sais assez adroit pour être sûr que, dans ce cas, il serait impossible de constater la mort de l'individu, et qu'alors il eût fallu renoncer à arracher une nouvelle plume à ce canard de la Tamise.

Jérésu eut l'air de se payer de cette raison, et Baldaquin sortit, promettant à ces quatre personnages de les revoir le lendemain à la même heure et au même lieu. La vérité est que Baldaquin avait un grand intérêt à ce que le personnage à la recherche duquel il était ne fût pas mort. Surpris de la mission qui lui avait été donnée, et soupçonnant quelque grand mystère dont la découverte pouvait l'enrichir d'un seul coup, il avait écrit à Londres où se trouvait alors un de ses amis, bohémien émérite, qui avait cherché là un refuge contre les exigences du procureur du roi et les tracasseries de la police parisienne, et il avait reçu de cet ami la réponse que voici :

« Ton lord Barstley est un original qui

s'est brûlé la cervelle il y a trois mois. Il laisse une fortune que l'on évalue à un million de revenu, et voici la principale clause de son testament qui est, du reste, fait dans les formes prescrites par la loi, et tout à fait inattaquable :

« Je lègue tous mes biens, meubles et
« immeubles, présents et futurs à Henry
« Barstley, né à Paris de Régine Caumont,
« et reconnu par moi sur les registres de
« l'état civil. Si pourtant Henry Barstley
« était mort lors de l'ouverture de ma suc-
« cession, où s'il mourait avant d'avoir
« atteint sa majorité, le présent legs se-
« rait nul et non avenu, et mes dits biens
« seraient à ma sœur unique, milady
« Sorlbrun, qui deviendrait ma légataire
« universelle, à la charge par elle de
« se conformer aux dispositions suivan-
« tes, etc. »

« Je me trompe fort, seigneur Baldaquin, ou c'est là tout ce qu'il vous importe de savoir. Si je puis te seconder, ne me ménage pas, je t'en prie. J'entrevois quelque belle affaire dont il faudra s'occuper en même temps des deux côtés du détroit. Toutefois, il y aura certainement de grandes difficultés à vaincre, car l'exécuteur Testamentaire de Lord Barstley est, dit-on, un habile jurisconsulte qui jouit d'une grande réputation d'intégrité. Par bonheur, il est vieux, impotent, et il ne sortira certainement pas de Londres pour aller à la recherche du légataire dont les intérêts lui sont confiés.

« Adieu, grand-maître, j'attends de toi l'acceptation formelle des offres de service que je te fais.

« Le chevalier de GRAFERING. »

II.

Trente ans auparavant. — L'orgie. — Un roi au violon.

En 1814, le Palais-Royal était dans toute sa splendeur ; là surtout se montraient en grand nombre les brillants uniformes des officiers de l'armée impériale qui s'y donnaient rendez-vous de tous les points de l'Europe ; des groupes de riantes et folles nymphes contribuaient à l'animation de ces lieux où les nombreux comptoirs des marchandes étaient remplis des minois les plus gracieux. En ce temps-là, florissaient dans ces longues galeries une foule d'établissements qui ne sont plus aujourd'hui que l'ombre d'eux-mêmes ; les fameux ventriloques Borel et Fitz-James s'enrichissaient par des lazzis incomparables, l'un dans une cave où la foule se pressait; l'autre dans un sombre galetas métamorphosé en café. De toutes parts on accourait vers ce point ; c'était un panorama inimitable, une sorte de carnaval perpétuel. Dans la plupart des cafés circulaient de gentilles marchandes à la mine éveillée, portant dans une boîte d'acajou une foule de petits ouvrages de tabletterie qu'elles offraient de table en table aux consommateurs, recueillant force petite monnaie, propositions saugrenues assaisonnées de propos lestes auxquels les plus aguerries répondaient par un sourire narquois ou un geste significatif. Au nombre de ces mar-

chandes était une charmante jeune fille ;
elle avait alors près de quinze ans. C'était
une petite brune à la voix douce, au regard timide ; un mot peu congru suffisait
pour l'effrayer, un geste la faisait trembler ;
on l'appelait Régine. Evidemment Régine
était peu apte à exercer la profession
qu'elle avait embrassée ; mais elle obéissait
en cela à l'impérieuse nécessité. Elle était
née en province de parents pauvres. Sa
mère étant devenue veuve, envoya la
jeune fille à Paris en la recommandant à
une sœur de son mari dont elle avait quelquefois entendu parler, et dont elle était
parvenue, non sans peine, à découvrir
l'adresse. Félicie Caumont avait été jolie ;
elle avait fait successivement les délices
des derniers *beaux-fils* de la monarchie, des
muscadins du directoire, de la jeunesse
dorée du consulat et des petits maîtres
des premiers jours de l'empire ; mais une
vieillesse précoce l'avait bientôt jetée aux

derniers rangs de ces Laïs sans brevet que l'autorité a toujours été impuissante à soumettre à ses réglements. La pauvre vieille fille végétait entre les serres d'un hideux coquin qui en avait fait sa proie sous le prétexte de la protéger, lorsque lui tomba des nues une jolie nièce de quatorze ans et demi. C'était presque une fortune. Félicie et Lauricot, l'homme qu'elle appelait son mari, tinrent conseil sur le meilleur parti à tirer de cette aubaine. On interrogea la pauvre enfant qui se montra très ignorante et fort timide, et il fut décidé qu'on lui monterait, moyennant soixante francs, un magasin dans une boîte de deux pieds carrés, avec laquelle elle parcourrait les cafés du Palais-Royal, ce qui ne pouvait manquer, pensait-on, de la former promptement, et de la préparer à de plus hautes destinées. En conséquence, la gentille Régine, parée de son beau teint, de ses yeux vifs, de ses cheveux noirs tombant en boucles sur ses joues de rose et d'albâtre, arrivait chaque soir au Palais-Royal, un peu après le coucher du soleil, et sa boîte sous le bras parcourait les cafés, attendant à la fois avec impatience et terreur que les douze coups de minuit vinssent lui donner le signal de la retraite. Alors elle s'engageait à tâtons et en tremblant dans l'escalier du passage Radziville, qui, comme deux énormes serpens roulés en spirales, s'appuie sur le sol et se perd sous les combles, au dixième étage (1). Arrivée sur le dixième palier, elle s'arrêtait, frappait à une petite porte qui était presque aussitôt ouverte par Lauricot.

— Ah! ah! c'est la *môme*, disait-il d'une

(1) La maison du passage Radziville est une des plus hautes de Paris; elle a dix étages sur la rue de Valois et neuf sur la rue Neuve-des-Bons-Enfants. Un double escalier tournant conduit du sol aux combles; c'est une œuvre assez remarquable.

voix rauque et avinée. Félicie, avance à l'ordre et faisons l'appel. Voyons, ma fille, le simple a-t-il donné ce soir?... montre-nous les picaillons.... Six francs!... gueux de métier!... mon litre de blanc, mes deux litres de rouge, mon ordinaire et mon tabac recta!... pas un pion pour le garçon... Coquin de sort!... c'est donc à dire qu'on ne se décarêmera jamais?

Régine ne répondait rien, elle se retirait dans un cabinet noir qui lui servait de chambre à coucher, et là après avoir dévoré le morceau de pain qui composait invariablement son souper, elle se couchait sur une misérable paillasse, et s'efforçait de chercher dans le sommeil l'oubli momentané de ses maux.

Un soir, Régine venait de descendre dans le caveau du ventriloque Borel; entre deux séances de ventriloquie, elle parcourait les rangs serrés de tables, sollicitant timidement du regard et de la voix les amateurs, et mettant gracieusement sous leurs regards son magasin lilliputien. Trois personnages, dont deux d'un âge mûr et le troisième tout jeune encore, ne tardèrent pas à s'occuper d'elle beaucoup plus vivement que la pauvre petite ne l'eût désiré.

— Allons, messieurs, dit le plus âgé des trois, achetez quelque chose à cette charmante enfant.

— J'achèterais volontiers toute la boutique, dit le plus jeune, si la marchande se donnait par dessus le marché.

— Le diable m'emporte, je crois qu'elle rougit, dit le troisième en lui prenant la main, tandis que les lèvres du plus jeune effleuraient le fichu de la timide marchande.

— Laissez-moi, je vous prie, dit-elle en s'efforçant de dégager sa main...... Monsieur, cela est mal.... finissez.... c'est affreux!... Mon Dieu! mon Dieu!....

Et malgré ses efforts, ses prières, ses cris couverts par les lazzis du ventriloque et les éclats de rire des spectateurs, les paroles des trois individus croissaient en vivacité. Tout à coup un jeune homme placé à une table voisine s'élance vers la jolie marchande, la saisit d'un bras, prend la boîte de l'autre et emporte le tout vers l'escalier en s'écriant : — « Si vous n'êtes pas contents, je vous attends dans le jardin. »—Tout cela s'était fait si promptement, que ce singulier protecteur de Régine était déjà hors du café avant que les trois individus auxquels il venait d'arracher la jeune marchande fussent revenus de leur surprise.

— De par tous les diables! l'insolent me

le paiera ! s'écria enfin le plus jeune en frappant avec colère sur la table. Je lui apprendrai à se jouer aux gens qu'il ne connaît pas.

A ces mots il se leva, franchit d'un bond la distance qui le séparait de l'escalier; et il allait sortir lorsque ses deux compagnons parvinrent à le joindre et s'efforcèrent de le retenir.

— De grace, calmez-vous, dit le plus âgé. C'est surtout en de telles circonstances que l'incognito le plus rigoureux doit être gardé. Songez, je vous en prie, qu'en vous faisant connaître vous nous perdez, lui et moi.

— Tu as raison, dit le jeune homme redevenu calme subitement. Déjà tout le monde nous regarde; il ne serait pas impossible que l'on m'eût reconnu : sortons et allons achever la soirée ailleurs.

Cependant Régine était arrivée avec son libérateur sous les arbres du jardin.

— N'ayez pas peur, mademoiselle, lui disait-il; vous ne me connaissez point; mais je vous connais, moi.... je sais combien vous êtes douce et charmante. Tenez, chaque soir lorsque vous passez dans la galerie, je suis là, sur le seuil de ce magasin de joaillerie dont je suis l'un des commis. Souvent je vois la tristesse empreinte sur votre charmant visage, et alors je deviens triste aussi; lorsque vous paraissez contente, j'ai du bonheur jusqu'au lendemain. Quelquefois aussi, lorsque cela m'est possible, comme aujourd'hui, par exemple, je vais au café pour avoir le plaisir de vous voir plus longtemps...

La frayeur de Régine s'était dissipée comme par enchantement pour faire place à une douce émotion, ses mains étaient dans celles du jeune homme, et elle ne songeait pas à les retirer ; son cœur battait plus vite que de coutume, et elle se sentait doublement heureuse du trouble délicieux qu'elle éprouvait, et de l'obscurité qui lui permettait de le cacher.

— Je me nomme Adrien, dit le jeune commis.

— Et moi Régine, dit-elle d'une voix qui trahissait son émotion.

— Eh bien ! reprit-il, Adrien aimera Régine tant qu'il vivra.

La boîte de la gentille marchande avait été déposée sur une chaise ; elle dégagea ses mains de celles du jeune homme pour la reprendre.

— Ah ! dit Adrien avec amertume, j'étais si heureux comme cela !

— Et moi aussi, dit-elle avec une naïveté charmante, mais je ne puis disposer de mon temps.

Un léger frisson agita ses membres; la pauvre petite venait de penser au hideux Lauricot et aux injures qui l'attendaient si elle rentrait sans avoir fait une recette suffisante pour subvenir aux appétits de cette brute. Adrien passa sur ses lèvres l'une des mains de la douce jeune fille.

— A demain, dit-il, ici, à cette place, et à la même heure.

— J'y viendrai pour vous remercier.

Ils se séparèrent. Régine allait rentrer dans la galerie lorsqu'elle fut abordée par une grande et belle fille en costume de femme de chambre.

—C'est vous que je cherche, ma petite,

dit-elle à la jeune marchande. Si votre boîte est bien garnie, ce sera tant mieux pour vous, car madame veut vous acheter une foule de choses, et comme elle n'est pas seule, vous pourrez bien ne rien remporter de tout votre magasin. Voulez vous venir avec moi?

— Est-ce bien loin?

— A deux pas d'ici, au-dessus du café Valois. Soyez tranquille, on vous paiera bien sans marchander.

Très contente de pouvoir se dispenser de parcourir les cafés pendant le reste de cette soirée, Régine suit sans hésiter la femme de chambre. Bientôt elle est introduite dans un somptueux appartement; on lui fait traverser plusieurs pièces richement meublées. D'abord un bruit confus de voix diverses arrive jusqu'à elle; puis, à mesure qu'elle avance, elle distinque des cris de joie, des éclats de rire, des chants qui se mêlent au bruit des verres. Enfin une dernière porte s'ouvre, et Régine, après un moment d'hésitation, entre dans un salon resplendissant de lumière. Là, autour d'une table chargée de fleurs au milieu desquels flamboie un énorme bol de punch, sont assis trois hommes et un essaim de femmes à demi-vêtues de gazes transparentes; les yeux brillants, le visage en feu, le rire sur les lèvres. La jeune marchande s'arrête ; elle vient de reconnaître les trois hommes qui l'ont si fort effrayée une heure auparavant, et dont les paroles et les actes ont amené l'intervention d'Adrien. Elle veut fuir, mais la femme de chambre a fermé la porte de manière à rendre la retraite impossible.

— Mon Dieu! ayez pitié de moi! dit la pauvre enfant en tombant à genoux.

Et ce cri de détresse est accueilli par de bruyants éclats de rire.

Le plus jeune des hommes vient à elle, la relève et l'entraîne vers la table où il la fait asseoir près de lui.

— Princesses ! s'écrie-t-il, voici votre reine à toutes. Allons, mille diables ! qu'on crie comme au bon temps : *Largesse ! et vive la reine !* moyennant quoi je vous livre le magasin de la petite à discrétion.

Ces cris sont répétés sur tous les tons ; puis la boîte de la jeune marchande est mise aux pillage, et en un clin d'œil il n'y reste rien.

— Allons donc, mon enfant, dit encore le jeune homme, auquel, même pendant ces scènes de débauche, les deux autres, quoique plus âgés, témoignaient de la déférence ; allons, ma toute belle, mettons la crainte de côté. J'ai donc l'air bien terrible, que je vous fais une si grande peur?.. Holà! du punch!... du feu partout, et la danse des sauvages!

En un instant le salon parut embrasé, le piano les tables à jeu, les guéridons étaient couverts de bols de punch enflammé; les bougies furent éteintes, et au milieu de ces flammes bleuâtres, hommes et femmes commencèrent à danser en rond en se tenant par les mains. Régine essaie de résister, mais ses prières, ses cris étaient couverts par les éclats de rire et les refreins obscènes des filles et des hommes qu'animaient de nombreuses libations et ces flammes alcooliques. A mesure que les flammes devenaient plus vives, plus corrosives, l'emportement des acteurs de cette scène étrange augmentait : il arriva ainsi jusqu'à la frénésie; alors aux chants succédèrent des sons gutturaux, des cris inarticulés, et la ronde infernale continuait plus rapide et plus ardente à chaque instant ; bientôt les vêtements de gaze des danseuses tombèrent en lambeaux; leurs cheveux épars flottèrent sur leurs épaules nues. Régine, emportée dans ce tourbillon, sentit son léger fichu s'envoler, son gentil bonnet de rubans fut lancé dans l'espace. En vain d'une voix défaillante elle demandait grâce, l'une de ses mains était serrée par celle du plus jeune des trois hommes, l'une des bacchantes échevelées lui tenait l'autre, et bien que défaillante, mourant d'effroi, la pauvre enfant suivait le torrent. Enfin les chants et les cris cessèrent, les femmes et les hommes tombèrent haletants sur les ottomanes, les canapés, plusieurs demeurèrent sur le parquet. Régine s'évanouit dans les bras du jeune homme qui ne l'avait pas quittée, mais elle reprit promptement l'usage de ses sens, et réunissant ses forces, elle tenta de se dégager des bras qui la retenaient.

— Allons donc! mon enfant, s'écrie alors cet homme, ivre de punch et de volupté, cela est bon pour un instant, mais ça devient de mauvais goût.

— Monsieur dit-elle, de grâce, ayez pitié de moi!... Si vous saviez combien je suis malheureuse!.... mon Dieu! je n'oserai jamais reparaître chez ma tante!....

— Elle est donc bien féroce, cette tante-là?..... Eh! mille diables! nous lui ferons entendre raison..... Arrière les fâcheux, et vive la joie!

— Vive la joie! répéta-t-on de toutes parts.

Ce cri sembla produire sur la plupart des acteurs de cette scène l'effet de la pile galvanique ; presque tous se relevèrent ; les verres furent remplis, vidés, brisés ; des tables furent renversées, et l'alcool enflammé roula en sifflant sur le parquet. La flamme atteignit les meubles, serpenta autour des rideaux, et s'attacha aux lambris. Alors aux cris d'une joie féroce, effrénée, succédèrent des cris d'effroi, de désespoir : les vitres volèrent en éclats, et ces mots : Au feu! au feu! retentirent jusqu'au milieu du jardin du Palais-Royal, que parcouraient en ce moment de nombreux promeneurs. Des groupes se formèrent.

— Le feu.... le feu chez la Lévêque, se disait-on.

— Il n'y a pas de mal, s'écria un mauvais plaisant, le feu purifie tout.

Cependant, malgré les efforts des trois hommes, qui avaient arraché les rideaux, les flammes qui dévoraient les volets intérieurs s'élançaient au travers de vitres brisées, et menaçaient l'étage supérieur. Les pompiers accoururent ; le commissaire de police vint, décoré de son écharpe et escorté de plusieurs fusiliers. Aux sommations du magistrat, les appartements de la Lévêque s'ouvrent ; les issues en sont gardées par les soldats ; tandis que les pompiers éteignent le feu, le commissaire se dispose à interroger tout le personnel de la maison ; il pénètre à cet effet dans un salon voisin de celui où avait éclaté l'incendie, et où s'étaient réfugiés Régine, les trois hommes, et tout le reste de la maison, y compris la grande prêtresse de ce temple élevé à Vénus impudique sous la protection immédiate de l'autorité, qui a la mission et la prétention d'aller enseignant et moralisant.

— Mon bon monsieur, dit la Lévêque

en minaudant, ne soyez pas trop dur pour
de bonnes filles qui, vous le savez, vous
aiment de tout leur cœur.

— Qu'est-ce à dire, *je sais*?... Je ne sais
qu'une chose, mes drôlesses, c'est que
vous vous moquez de l'autorité comme
de Colin-Tampon; cela ne peut pas durer,
c'est moi qui vous le dis! D'abord vous
n'avez pas de mœurs... vous n'avez pas
pour deux sous de mœurs.... Et c'est abo-
minable pour des premiers sujets...... les
premiers sujets d'un établissement modèle... Pour peu que cela continue, vous
tomberez au-dessous de la Valentin. Car
enfin, si cette dernière n'a pas d'aussi jolies filles, au moins, elle ne met pas le
feu à la maison.

— Mais, monsieur le commissaire, ce
n'est pas nous qui sommes cause de ce
malheur; ce sont ces trois messieurs, et

je vous prie de le constater, afin qu'ils en subissent toutes les conséquences. Je ne les connais pas, moi, ces enragés qui ont mis ici tout sens dessus dessous, mais je ne veux pas les perdre de vue, et je crois que vous ferez bien de les mettre à l'ombre jusqu'à ce que l'on sache à quoi s'en tenir sur leur compte.

— Tu parles d'or, ma fille! s'écria le magistrat en dirigeant ses regards vers les trois individus que la fumée et le désordre l'avaient jusque là empêché de voir... Ah! ah! mes drôles, c'est donc vous qui troublez ainsi la paix publique et voulez mettre le feu à Paris?... il vous en cuira mes paillards... Procédons par ordre : voyons, vous, le gros gris, qui avez l'air de vous cacher le visage avec votre mouchoir de poche, qui êtes-vous?

Le personnage ainsi interpellé hésita

pour répondre ; il jeta à la dérobée un regard sur le plus jeune de ses compagnons de débauche, puis il dit d'une voix assurée :

— Monsieur, je suis le premier chambellan de Sa Majesté le Roi de Westphalie.

— Oh! oh! fit le commissaire, la bouchée est trop forte, mon gaillard ; nous ne l'avalerons pas..... Et vous, à la perruque rouge, qui avez l'air d'un *ecce homo* à qui l'on donnerait le bon Dieu sans confession, qui êtes-vous?

— Moi, monsieur, répondit le personnage ainsi interrogé, je suis le bibliothécaire de Sa Majesté le Roi de Westphalie.

— Oui dà! c'est une gageure; mais on n'en gagne pas avec moi. Vous n'êtes que de la saint Jean, mes mignons, et je vous le ferai voir... Ah! vous êtes des chambellans, des bibliothécaires du roi de Westphalie!...... Eh! eh! eh! vous allez voir que ce grand flandrin qui se mord les ongles sera le roi de Westphalie lui-même.

— Je suis, en effet, le roi de Westphalie, misérable, dit le jeune homme, et je te ferai repentir de ton insolence.

— Ah! c'est trop fort! s'écria le commissaire; qu'on m'empoigne ces trois individus, et qu'on les conduise au poste voisin; nous les verrons bien penauds demain matin!... D'autant plus qu'il y a outrage à sa majesté impériale et royale Napoléon-le-Grand... Mais quelle est donc cette poulette qui se cache là-bas derrière la porte?... Ici, mignonne; montrez-nous un peu ce minois.

Régine était si tremblante qu'elle ne put faire un pas. Alors le commissaire s'avança vers elle, l'attira près de la cheminée, sur laquelle brûlaient plusieurs bougies, et la regarda attentivement.

— Eh! fit-il, c'est la petite marchande!... Il paraît, ma drôlesse, que nous mangeons à deux râteliers...

— Ah! monsieur, ayez pitié de moi, répondit Régine en tombant à genoux, j'ai été attirée ici... c'est un horrible piége que l'on m'a tendu : je vous jure que j'ignorais quel était le lieu où l'on me conduisait...

— Ouais! voyez-vous l'innocente! cela court depuis un an dans les caveaux du Palais-Royal, et ça ne sait pas ce que l'on fait chez la Lévêque..... Nous régulariserons votre position, ma belle : on vous inscrira au bureau des mœurs; mais, pour commencer, vous irez passer trois mois à St-Lazare pour vous apprendre à respecter les réglements, et à ne pas exercer sans patente.

— Commissaire, dit le plus jeune des trois hommes, ordonnez que l'on aille chercher pour nous une voiture de place, et laissez-nous partir; gardez-vous aussi d'attenter à la liberté de cette jeune fille, ou, je vous le jure, vous paierez cher votre outrecuidance.

— A d'autres, à d'autres, mauvais sujet!... Je vous trouve en flagrant délit, troublant l'ordre, brûlant les maisons, insultant la famille impériale, et j'irais vous mettre la bride sur le cou!... Avez-vous des papiers?

Le jeune homme regarda ses deux compagnons, qui répondirent par un signe négatif à ce regard interrogateur.

— J'en étais sûr, reprit le commissaire. Au violon, ces vagabonds, et la jeune innocente au dépôt de la préfecture.

Le plus jeune des trois délinquants devint furieux; il saisit une chaise, se mit en défense, et jura qu'il tuerait le premier qui oserait porter la main sur lui. Les deux autres essayèrent d'obtenir du commissaire qu'il revînt sur sa décision; mais l'entêté commissaire ne voulut rien entendre; et, persuadé qu'il avait sous la main de mauvais sujets méritant une sévère leçon, il fit entrer les fusiliers et leur ordonna de conduire ces trois hommes au poste, tandis que ses agents iraient écrouer à la préfecture de police la jeune nymphe insoumise. Il fallut bien se soumettre à la force, et dix minutes après les trois personnages étaient au violon.

— Ah! sire, dit alors le plus âgé au plus jeune, combien je suis désolé d'avoir consenti à faire cette folle partie! Si cela vient aux oreilles de l'empereur, il me fera jeter infailliblement dans un cul de basse-fosse... je suis un homme perdu!

— Allons donc, mon vieil ami, au diable ces tristes prévisions. Est ce à dire que le plus gai et le plus fécond des romanciers de l'empire ne trouvera pas un expédient pour sortir de ce mauvais pas, lui qui en a tant et de si ingénieux au service des héros enfantés par son imagination ?

— Sa majesté a raison, dit l'autre ; au lieu d'arracher ainsi les poils de ta perruque, tu ferais bien mieux de chercher le moyen de nous tirer d'affaire.

— Je ne sais qu'un moyen, c'est de vous faire réclamer par un citoyen patenté. Je vais envoyer chercher Barba, mon libraire. C'est un gai compagnon qui comprendra parfaitement...

— Et qui ira se vanter partout d'avoir fait sortir du violon le roi de Westphalie.

— Sire, je réponds de lui comme de moi-même.

— Diable! ça n'est pas fort rassurant; mais enfin il faut bien faire bonne mine à mauvais jeu, et pourvu que l'aventure ne vienne pas aux oreilles de l'empereur, je me moque du reste.

Un peu avant minuit, le libraire Barba frappait à la porte du commissaire de police.

— Pardieu! mon cher commissaire, vous faites de belles choses. Savez vous bien, mon cher maître, qu'à l'heure qu'il est je ne placerais pas deux liards sur votre tête.

— Hein! fit le commissaire; que diable me chantez-vous là, cher ami?

— Votre ami, moi? ménagez vos termes, je vous prie!... moi l'ami d'un homme accusé et coupable du crime de lèse-majesté?...

— Voyons, voyons, est-ce que je rêve? Tâchons donc de nous entendre.

— C'est tout entendu ; vous êtes un infâme conspirateur... c'est-à-dire que celui qui a fait sauter la rue Saint-Nicaise avec la machine infernale n'était que de la Saint-Jean auprès de vous.

— Barba, je vous en prie, pas de mauvaise plaisanterie là-dessus ; je sens un million d'épingles qui me chatouillent la plante des pieds rien qu'à vous entendre débiter ces sornettes.

— Que voulez-vous donc que je vous dise ?... Comment, malheureux ! vous avez fait arrêter le frère de sa majesté l'empereur des Français, et vous conservez la prétention d'avoir la tête solidement placée sur les deux épaules.

— Bien ! bien ! mauvais plaisant. Vous voulez parler de ces individus qui ont failli incendier le Palais-Royal, des intrigants, des malotrus.....

— Si c'est là votre dernier mot, je vous déclare que je me rends à l'instant aux Tuileries, et que, avant qu'il fasse jour, vous pourrez bien être au donjon de Vincennes.

Ces dernières paroles commencèrent à émouvoir un peu le brave magistrat.

— Diable! se dit-il, est-ce qu'en effet j'aurais fait la sottise de... c'est qu'il en pleut aujourd'hui des princes et des rois.. il en sort de dessous les pavés... — Voyons, Barba, parlons sérieusement; êtes-vous sûr que ces hommes ne soient pas des intrigants? quant à moi, ils m'ont tout l'air de gens de bas étage : celui à la perruque rousse, par exemple, qui prétend être...

— Ce qu'il est en effet, c'est-à-dire l'écrivain le plus spirituel de notre époque, et de plus le bibliothécaire de Jérôme Napoléon, roi de Westphalie. Je dois le connaître puisque je suis son éditeur. Je viens de l'aller voir au corps-de-garde où il m'avait fait appeler... Je le répète, je ne voudrais pas, pour un million, être dans votre peau.

—Mon Dieu! mon Dieu! je suis perdu!... Mon cher Barba, je vous en prie, ne m'abandonnez pas .. Tenez, voici l'ordre de mise en liberté... moi, je vais me cacher, je ..

— Restez, au contraire ; peut-être obtiendrai-je votre pardon, à la condition que personne autre que nous ne saura un mot de cette affaire.

Deux heures après sa majesté westphalienne rentrait aux Tuileries avec ses compagnons de débauche.

—Monsieur mon frère, disait, le lendemain l'empereur, au roi Jérôme, vous partirez aujourd'hui même pour Cassel, votre capitale, ou dès demain je vous y ferai conduire de brigade en brigade par la gendarmerie.

III.

Le Bureau des mœurs. — Un protecteur.

La pauvre Régine avait passé une nuit affreuse dans la prison appelée Dépôt où elle avait été conduite, et qui était, à cette époque, le plus dégoûtant cloaque, le plus hideux séjour qui se puisse imaginer. Dès le matin, ne sachant à quel saint se vouer, elle se décida à braver la colère de Lauricot, et elle écrivit à sa tante pour lui apprendre ce qui lui était arrivé, et la prier de la faire sortir de l'horrible lieu où elle se trouvait.

Vers midi, le nom de Régine Caumont retentit dans le lugubre et froid galetas où elle était enfermée en compagnie d'êtres immondes, exhalant une odeur infecte. La jeune fille crut qu'enfin on lui faisait justice, et qu'elle allait recouvrer la liberté; mais, arrivée au guichet, elle y trouva deux agents de police qui lui ordonnèrent de les suivre au *bureau des mœurs.*

Vers le milieu de la rue de Jérusalem, entre un écrivain public et un apothicaire (1), était une espèce de boutique sé-

(1) Au mois d'octobre 1812, lors de la conspiration de Mallet, Lahorie et Guidal, la préfecture de police fut cernée par un fort détachement de soldats de la 10e cohorte, gagnée par les conjurés. L'un de ces derniers pénétra jusqu'au préfet, M. Pasquier, aujourd'hui chancelier de la chambre des pairs, lui donna lecture d'un *senatus consulte* qui ordonnait l'arrestation dudit préfet, et le fit conduire imme-

parée en deux dans sa hauteur par un plancher de sapin de six lignes d'épaisseur, de manière à former un rez-de-chaussée et un premier étage communiquant de l'un à l'autre par un escalier taillé dans le mur du fond. Le rez-de-

diatement à la prison de la Force. Trois heures après, les chefs des conjurés étaient arrêtés et leurs projets déjoués. L'adjudant de place Laborde courut à la Force et fit mettre en liberté M. Pasquier qui, ne trouvant pas de voiture, se hâta, vu la gravité des choses, de retourner pédestrement à la préfecture ; mais, arrivé rue de Jérusalem, il fut reconnu par les soldats insurgés qui étaient encore maîtres de la place, et qui voulurent l'arrêter de nouveau. M. Pasquier prit la fuite, et se réfugia chez l'apothicaire dont nous parlons. On l'y poursuivit ; la boutique fut envahie ; mais l'on n'y trouva que l'apothicaire, sa femme et un garçon en tablier de serge, dont le visage se perdait presque sous une forêt de cheveux blonds. Les soldats se retirèrent. Or le prétendu garçon était M. Pasquier lui-même, coiffé de la perruque de la pharmacienne, grosse femme de soixante ans, qui cachait d'ordinaire ses cheveux gris sous une perruque à la Ninon. On assure que la perruque proverbiale que porte aujourd'hui M. le chancelier, est très proche parente de celle qui le sauva en 1812.

chausée était divisé en deux compartiments; dans le premier, siégeaient une douzaine de chenapans au regard scrutateur, au visage sinistre, aux traits anguleux, au sourire infernal, aux formes herculéennes, à la voix rauque et avinée; immonde engeance qui n'avait d'humain que la parole, faculté dont ils abusaient outrageusement. Ces gens-là s'appelaient *inspecteurs des mœurs*, et Dieu sait ce qu'ils inspectaient, les malheureux! Le premier étage était occupé par les divinités du lieu, à savoir : messieurs les officiers de paix *Noël* et *Ducauroi*, assistés du secrétaire *Blanchelaine*.

Dans le second compartiment du rez-de-chaussée, étaient incessamment entassées des femmes de tout âge, les unes brillantes de jeunesse et de santé, au moins en apparence, vêtues de soie, coiffées d'élégants chapeaux; les autres au visage have, au teint livide, aux mains osseuses, aux regards éteints, vêtues d'élégantes guenilles ou de haillons empuantis; d'autres encore couvertes de fange, de plaies horribles et infectes; toutes justiciables au même titre de l'illustre aréopage Noël, Ducauroi, Blanchelaine et compagnie. C'était là ce que, en langage administratif, on nommait le *bureau des mœurs*, nom que cette institution porte encore aujourd'hui, car les choses sont ce qu'elles étaient; seulement, et attendu que nous sommes essentiellement progressifs, on a changé le lieu et les hommes.... le lieu, parce qu'il était trop petit; les hommes, parce qu'ils étaient trop vieux.

Ce fut là que l'on conduisit la pauvre Régine.

— Voilà pourtant ce qui nous ruine, disait une grosse femme au visage enluminé en voyant passer la jeune fille que conduisaient les inspecteurs ; c'est jeune, c'est rose, ça pleure et ça ne paie pas de patente; luttez donc contre cela, et faites vos affaires!..... Pour peu que ça continue, il faudra fermer boutique.

—Mère Mauroi, fit un inspecteur, je te conseille de garder ta langue pour un usage ultérieur et non indiqué. Tu es franche du collier, je ne dis pas non ; mais tu devrais savoir que trop gratter cuit et que trop parler nuit. La particulière à laquelle tu fais allusion dans le moment présent se trouve être immensément en dehors des conditions voulues par la loi.

— C'est ça, des lois pour les uns et des lois pour les autres, et nous payons pour avaler ça!

—Silence! s'écria l'inspecteur d'une voix de tonnerre, la mine respectueuse et le bec mort!

Pendant ce temps, Régine avait monté le petit escalier ; elle s'avançait les yeux baissés vers le bureau.

— Qu'est-ce que c'est? fit le vieux Noël en braquant son lorgnon sur la pauvre enfant... Ah! ah! c'est de bonne heure, mon chou!... Eh bien! nous avons donc mis sous le pied les ordonnances de M. Pasquier.

— Monsieur, répondit Régine en fondant en larmes, je ne sais de quoi l'on m'accuse ; mais je suis innocente, et loin que l'on ait quelque chose à me reprocher, c'est moi qui ai à me plaindre d'un horrible guet-apens...

— Ta, ta, ta, ta ! toujours la même rengaîne; si nous voulions les en croire sur parole, nous n'aurions ici que des Lucrèces... Regardez donc, Ducauroi, est-ce que nous n'avons pas vu déjà ça quelque part ?

— Je crois en effet avoir déjà remarqué ce minois futé. Mais c'est la première fois qu'elle nous passe dans les mains, nous serons indulgents : quinze jours à la petite Force (1) et un délai de quinze autres jours pour payer l'inscription... Blanchelaine, écrivez.

— Quoi, monsieur, s'écria la jeune fille éplorée, vous allez m'envoyer en prison parce que j'ai eu le malheur d'être dépouillée par des voleurs, des scélérats...

(1) Une chose assez généralement ignorée, c'est que les filles publiques sont tout à fait hors la loi ; elles sont corvéables et taillables à merci par messieurs du bureau de mœurs. Dans ce temps-là, chacune d'elles payait un impôt de trois francs par mois à la police et de nombreuses amendes ; on les emprisonnait sans jugement. Il en est encore à peu près ainsi aujourd'hui ; ces malheureuses ne sont pas mieux traitées ; seulement elles ne paient plus l'impôt régulier, qui a été supprimé en 1828 par M. Debelleyme, alors préfet de police. Messieurs de la rue de Jérusalem appellent cela *opérer administrativement.*

qui m'auraient tuée peut-être si la garde n'était arrivée.

— Silence! fit Ducauroi; les réclamations sont interdites... J'ai peut-être été trop indulgent... Blanchelaine avez-vous écrit?

— Oui, Monsieur... sera écrouée pour un mois.

— Vous avez mis *un mois*? eh bien! soit; ce qui est écrit est écrit : je n'aime pas les ratures...

En ce moment une voiture s'arrêta devant ce misérable réduit qui ressemblait beaucoup plus à un cabaret (1) destiné aux cochers de fiacre qu'au siége d'une puissance aussi redoutable. Un homme décoré

(1) Cette boutique est en effet occupée aujourd'hui par un cabaretier qui n'a rien changé à la distribution des lieux.

de plusieurs ordres sortit de cette voiture, traversa les deux compartiments du rez-de-chaussée sans adresser la parole aux agents qui s'y trouvaient, et il arriva dans le bureau des officiers de paix, au moment où le secrétaire Blanchelaine demandait à Régine ses nom et prénoms.

— Est-ce donc ainsi, s'écria-t-il en se portant en face de ces hommes, que vous espérez faire respecter l'autorité? votre conduite est indigne! et si un nom illustre ne se trouvait pas compromis dans cette affaire, vous paieriez cher vos erreurs volontaires!...

— Monsieur! fit le vieux Noël en se levant d'un air menaçant et secouant sa tête poudrée à frimats pour se donner un air de grand seigneur de l'ancien régime; monsieur, savez vous bien à qui vous avez l'honneur de parler?

— J'ai la certitude de parler à des gens indignes des fonctions qui leur sont confiées... Voici un ordre supérieur; connaissez-vous cette signature?

— Le duc de Rovigo! s'écria Noël après avoir jeté les yeux sur le papier.

— Le ministre de la police! fit Ducauroi en se cachant le visage dans ses mains.

— Monseigneur le ministre! dit Blanchelaine en tombant à genoux.

— Oui, reprit le personnage décoré, monseigneur le ministre vous ordonne de remettre entre mes mains la jeune fille arbitrairement arrêtée hier par le commissaire da police du quartier du Palais-Royal, laquelle se nomme...

— Régine Caumont, monsieur! s'écria la gentille marchande, qui avait compris que ce personnage lui venait en aide.

— Régine ! c'est mon affaire, dit une voix rauque partant du rez-de-chaussée... Voici ! présent à l'appel... Balthazar Lauricot, ancien de Sambre-et-Meuse, surnommé le bourreau des crânes.

— Lauricot ! il va me tuer ! dit Régine avec l'accent de la terreur.

— Rassurez-vous, mon enfant, dit le monsieur décoré ; vous êtes désormais sous ma protection.

Lauricot parut; il était vêtu d'une longue houpelande républicaine, laquelle dérobait aux regards une culotte noire à quintuple courant d'air, et dissimulait l'absence de gilet et de linge blanc. Le chef de ce vieux reître pur sang était couvert d'un bonnet de poil de renard orné d'une queue à la Robespierre.

— Citoyens, dit-il en se dressant de manière à ce que le haut de son bonnet touchât le plafond, j'ai celui de venir réclamer la citoyenne ici présente, Régine Caumont.

— Et qui êtes-vous, vous même? demanda d'un ton absolu le personnage décoré.

Lauricot hésita, cherchant une réponse convenable.

— Vous ne sauriez le dire, reprit l'homme aux décorations; eh bien! je vais, moi, étaler au grand jour vos titres à l'estime publique... Vous êtes un de ces misérables qui vivent de l'abjection de pauvres femmes que vous tenez dans vos serres hideuses... Arrière, mauvaise engeance! lâche pourceau!... arrière, vous dis je, ou, tout à l'heure, il ne sera plus temps d'obéir.

— Ne nous fâchons pas, reprit Lauricot; la petite a trouvé quelque chose de mieux; eh bien! y a pas de mal à ça!... Ecoute donc, Régine, tu peux bien dire à monsieur le vrai du vrai; à savoir, ma fille, que je ne suis ton oncle qu'en détrempe...

— Mon Dieu! mon Dieu! que vais-je devenir, s'écria Régine.

— Vous allez sortir d'ici avec moi, ma belle enfant, dit l'homme décoré, et désormais vous n'aurez plus rien à démêler avec ces infâmes... Voulez vous me suivre?

— Oh! de tout mon cœur!

— Partons donc, ma charmante; l'air manque ici, on y respire mal!

Il entraîna la jeune fille jusqu'à sa voiture, dans laquelle il la fit monter.

— Voyons, ma belle enfant, dit-il en

suite, tandis que la voiture marchait au pas, que puis-je faire pour vous être agréable? Sa majesté le roi de Westphalie a eu des torts graves envers vous; mais sa majesté veut réparer lesdits torts. Que faire pour cela?... Vous ne pouvez songer à retourner près de votre tante... Et puis votre profession de marchande n'est pas une profession : il faudrait apprendre un état.

— Oh! de tout mon cœur, monsieur! Par exemple, s'il était en votre pouvoir de me faire entrer chez une marchande de modes... Tenez, monsieur, j'avais deviné le roi... Tous ces idiots disaient : Fi! le misérable!... Et moi je me disais intérieurement : Oh! oui, ce doit être un roi!... Ah! monsieur, il est si beau, et puis...

— Assez, assez, mon enfant, dit le personnage en souriant, ne vous montez pas l'imagination ; tâchez même d'oublier que vous vous êtes trouvée face à face avec Sa Majesté westphalienne... Je crois, ma chère, que vous avez assez d'intelligence pour comprendre tout ce qu'il y a de grave dans votre position ; vous avez parlé de vous faire pensionnaire d'une marchande de modes; eh bien ! choisissez le magasin où il vous plairait d'être.

— C'est qu'il faudrait une pension...

— Nous la paierons, ma belle ; que cela ne vous inquiète pas. Y a-t-il quelque magasin qui vous plaise mieux que d'autres ?

— Oh! oui; celui de madame Mirabel, par exemple, dans les galeries de bois.

— Il vous plairait d'être la pensionnaire de cette dame ?

— Oh! je m'en trouverais bienheureuse ; mais...

— Il n'y a pas de *mais*, ma belle amie; avant une heure, vos vœux seront exaucés, et comme il ne faut pas que vous manquiez de quelque chose, voici cent louis que je suis chargé de vous remettre.

— Ah! Monsieur!

— Prenez, mon enfant; cela vous appartient, et ce n'est pas moi qui vous le donne.

En ce moment la voiture entrait dans la cour du Palais-Royal.

IV

Modistes et libraires. — Les cabinets noirs du café de l'Empire.

Il serait difficile de se faire aujourd'hui une idée de ce qu'étaient, il y a trente-cinq ans, les galeries de bois du Palais-Royal, que remplace maintenant la galerie d'Orléans. C'était, pendant le jour, une sorte d'immense et sombre bazar, où se vendaient, au milieu des ténèbres, les choses les plus ordinaires et les plus étranges, les plus communes et les plus incroyables. Le soir, ces galeries, sombres, lugubres, tant qu'avait brillé le soleil, devenaient resplendissantes de lumières. C'était là, dans ce lieu où se perpétuaient les mœurs de la régence, que les élégants d'un certain ordre se pourvoyaient des objets de toilette les plus excentriques. Les provinciaux et les provinciales surtout affluaient dans les magasins du Palais-Royal (1). Par une conséquence toute naturelle de cet engoûment, les boutiques de marchandes de modes étaient très

(1) Ce fragment d'une chanson du temps peut donner une idée de cette vogue :

« J'avais mis mon joli chapeau,
« Ma robe de crêpe amaranthe,
« Mon châle et mes souliers ponceau ;
« Ma tournure était élégante.
« Hélas! les dames du pays
« Ont critiqué cette toilette!
« Et pourtant, j'en ai fait emplète
« Au Palais-Royal, à Paris !

nombreuses dans ces galeries ; venaient ensuite celles des libraires, vendeurs de nouveautés d'un autre genre : c'était là que trônait Mme Louvet, veuve de l'auteur de Faublas, qui n'était autre que la belle Lodoïska, chantée dans ce joyeux poème.

Les marchandes de modes et les libraires étant les personnages prépondérants de ce lieu, on comprend aisément qu'il y eût alors une sorte d'affinité entre ces deux honorables corporations.

La première demoiselle (1) de magasin de madame de Mirabel, dont la douce Régine était devenue la pensionnaire, se

(1) La *première demoiselle* d'un magasin de ce genre est un personnage important qui a quelquefois jusqu'à trois mille francs d'appointements ; quelques-unes sont de véritables artistes que les magasins de Paris se disputent, et que la Russie leur enlève souvent à force de roubles.

nommait Esther; c'était une délicieuse israélite aux beaux yeux noirs, aux longs cils, au galbe asiatique ; l'une de ces créatures étranges envers lesquelles la nature a été à la fois avare et prodigue; qui ont des sens ardents et point de cœur, et dont la tête recèle toutes les malices de l'enfer. Cette fille s'était éprise tout d'abord d'une vive amitié pour Régine, qui la paya d'un sincère retour, et bientôt les deux jeunes filles se firent les confidences les plus intimes.

— Comment, ma chère, disait Esther à sa jeune amie, il est bien vrai que tu n'as jamais aimé?

— Ah ! j'aurais bien aimé le roi Jérôme; mais...

— Quelle folie !... Est-ce qu'on aime ces personnages-là?

— Pourquoi non?

— Parce que nous ne sommes pour eux qu'une marchandise... Pauvre enfant, tu ne connais, en amour, que le revers de la médaille.

— Et vous en connaissez donc la face ? demanda Régine avec son ingénuité ordinaire.

— Oh! la petite curieuse!... Eh bien, oui, j'en connais tous les charmes, toutes les douceurs, et il ne tiendra qu'à toi d'être bientôt aussi avancée que moi sous ce rapport; car il y a par le monde... c'est à dire au Palais-Royal, un homme charmant qui t'aime de tout son cœur, de toute son âme...

— Oh! je devine; c'est Adrien...

— Adrien? qu'est-ce que cela ?

- Un commis joailler de la galerie de Valois.

I. 6

— Fi donc! est-ce qu'une demoiselle bien élevée a de ces faiblesses-là?... Un commis!

— Si vous le voyiez!... il est si gentil, si doux!

— C'est possible ; mais ce n'est pas avec cette monnaie-là qu'on mène une jolie fille au spectacle, au bal, chez le restaurateur... Ecoute, ma chère Régine, tantôt j'aurai une migraine affreuse ; je demanderai à m'aller mettre au lit, et je prierai que l'on te permette de m'accompagner, afin que tu me donnes des soins. Sois discrète, et je te promets une soirée charmante.

— Mais...

— Silence! je le veux ; et tu ne regretteras pas le souper de madame Mirabel, j'en suis sûre.

Pendant le reste de la journée Régine fut en proie à une assez vive inquiétude que dominait pourtant la curiosité. Esther avait parlé de bals, de spectacles, mots si doux à l'oreille d'une jeune fille, et choses que la pauvre enfant ne connaissait que de nom. Allait-elle donc goûter ces plaisirs qu'elle avait tant de fois rêvés ?... Mais à quel prix faudrait-il les acheter ? n'y avait-il pas là quelque piége semblable à celui dans lequel elle était tombée chez la *Lévêque ?...* Puis elle repoussait cette pensée : Esther pouvait être légère, mais elle n'était pas encore tombée si bas, et puisqu'elle ne devait pas la quitter, il ne pouvait y avoir de danger.

Vers la fin du jour, Esther, qui depuis quelques heures paraissait souffrante, déclara qu'il lui était impossible de travailler davantage, et sur sa demande, Régine fut autorisée à l'accompagner. Elles traversèrent les galeries, entrèrent dans la cour. La belle juive se tourna à plusieurs reprises pour s'assurer qu'on ne la suivait point, puis elle entraîna rapidement sa jeune compagne dans la direction du Théâtre-Français.

— Au spectacle ! dit Régine, dont la crainte se dissipa tout-à-fait, quel plaisir !

Esther sourit. Toutes deux arrivèrent à l'extrémité de la cour devant une petite porte au-dessus de laquelle on lisait : *Entrée particulière.* La belle juive tira l'anneau d'une sonnette ; la porte s'ouvrit et toutes deux arrivèrent au pied d'un petit escalier assez sombre. Régine, persuadée que c'était là l'une des entrées particulières du théâtre, suivit sa compagne sans hésitation. Au premier étage, un homme en tablier blanc vint au-devant d'elles, et les introduisit dans une petite pièce qu'éclairait à peine une petite lampe mourante.

— Ce n'est pas le théâtre! s'écria Régine effrayée.

— C'est mieux que cela quand on n'a pas dîné, sotte? Tu seras de cet avis-là tout-à l'heure. Nous allons nous mettre à table.

Le tête-à-tête n'avait rien d'effrayant. Régine s'assit, pensant que le garçon allait reparaître pour mettre le couvert. Presque aussitôt la lampe s'éteignit, et les jeunes filles se trouvèrent dans l'obscurité la plus profonde.

— Où somms-nous donc? s'écria Régine tremblante.

— Dans un des cabinets noirs du café de l'Empire, ma chère; c'est-à-dire là où l'on dîne le mieux.

— Mais au moins que l'on nous donne de la lumière.

— Oh ! rassure-toi, ma toute belle, nous ne mangerons pas à tâtons, je te le promets.

Jusque-là la surprise de la jeune fille avait été plus grande que sa frayeur. Cependant elle voulut appeler le garçon pour demander que l'on rallumât la lampe éteinte, et déjà elle se levait pour ouvrir la porte, lorsqu'une sorte de sifflement se fit entendre ; une clarté éblouissante remplaça aussitôt les ténèbres ; une table admirablement garnie apparut aux regards des jeunes modistes, et deux hommes, le sourire sur les lèvres, s'avancèrent vers elles en leur offrant la main. Une cloison, en glissant sur le parquet, avait fait de deux cabinets une seule pièce : là était tout le prodige. La surprise de Régine fut au comble lorsque, l'éblouissement passé, elle put regarder celui des deux personnages qui lui offrait la main.

— Ah! s'écria-t-elle avec un ton de regret plein d'ingénuité, si ça avait été le roi!

— Par malheur, mon bel ange, répondit le personnage, ce n'est que son bibliothécaire, comme vous voyez.

— Et vous ne perdez pas au change, je vous le garantis, ma charmante, dit l'autre personnage.

Régine regarda ce dernier, et reconnut le libraire voisin du magasin de modes où elle travaillait, ce qui la rassura un peu.

— Ne pensez-vous pas, reprit ce dernier, que l'homme le plus spirituel de la France vaille un peu mieux que le souverain pour rire d'un coin de l'Allemagne?...

— Mon cher ami, interrompit l'autre,

ne saurais tu parler d'esprit sans dire des bêtises grosses comme des montagnes?

— Tant pis! moi, je n'ai d'esprit qu'au dessert... A table donc, mes belles amies!

Il n'y avait pas dans tout cela de démonstration bien effrayante; aussi Régine se mit elle à table sans trop se faire prier. Les mets étaient délicieux, les vins exquis, les deux cavaliers spirituels et gais; avant le second service, Régine subissait déjà l'influence de toutes ces excellentes choses; au dessert, toutes ses craintes avaient disparu.

Dans la maison même où cela se passait, mais plus bas que le rez-de-chaussée, à quinze pieds au-dessous du sol, une vingtaine d'hommes à figures suspectes entouraient un mauvais billard qu'éclairaient comme à regret quatre becs de quinquet dont le trop plein infect coulait sur les murs humides.

— Allons, messiés, disait un garçon au regard louche, au teint presque aussi huileux que les parois de ce bouge, allons, messiés, tonnez fos mises bour la boule.

— Jérésu, cria un homme vêtu d'une longue houpelande et coiffé d'un chapeau déformé, Jérésu, mets douze sous pour moi.

— Che foudrais bien, mossié Lauricot; mais chai pas te l'archent.

— Comment, animal, tu n'as pas d'argent!... tu as déjà reçu plus de vingt sous de pourboires.

— Pien! pien!... j'ai reçu bour poire... et je garde bour mancher.

— Mauvais rapia! répliqua Lauricot en

frappant avec la queue qu'il tenait sur une table garnie de verres ternes et de quelques cruches de grès, race de Judas, je ne sais à quoi il ne tient que je te rabote les épaules avec cette trique pour les mettre de niveau !... Dépêche-toi d'obéir, ou gare la grêle !

— Ça m'être défendu, messié Lauricot, ma barole t'honneur !

— Mais triste-à-pattes que tu es, reprit Lauricot à demi-voix en s'approchant du garçon qui se disposait à tirer les billes du panier, tu sais bien que depuis longtemps on a des *faces* à volonté. Pars donc du pied gauche, file plus vite que ça jusqu'au magasin de Régine, et sous le prétexte de souhaiter le bonsoir à ta sœur Esther, dis à l'enfant que, par suite d'accidents imprévus, les poches de son oncle d'adoption sont veuves de toute espèce de monnaie.

Il y a encore là une trentaine de louis, si tu m'en apportes le quart je te donne cent sous.

Les yeux ternes de Jérésu brillèrent tout-à-coup comme deux tisons ravivés par le vent; un sourire ironique passa sur ses lèvres minces et flétries.

— Il y affre qu'un bétite malheur, dit-il, c'est que Régine il être bas au magasin... Esther non plus, il être bas au magasin di tout.

— Qu'est-ce que ça signifie? J'entrevois, à ton air de me dire cela, des événements de la plus haute gravité... Est-ce que la petite aurait retrouvé son protecteur mystérieux? Je soupçonne quelques tentatives de séduction... peut être même une séduction accomplie... Ah! comme cela m'irait, de pouvoir repincer au demi cercle ce

pékin que j'ai rencontré à la préfecture!...
Ecoute, Jérésu, ainsi que je te le disais tout à l'heure, il y a encore au moins trente napoléons présents à l'appel dans la bourse de ma jeune nièce; aide-moi à mettre la main dessus, et je t'en donne le quart.

— Ça fait sept naboléons et temi.....
— Bon, bon, il sera temps de les compter quand nous les tiendrons. Il est clair maintenant que tu sais où sont les deux particulières; il s'agirait de tomber là comme une bombe.

— Gomme deux pombes, messié Laurirot... à gause des sept naboléons et temi...

Pour la moitié de cette somme, le drôle eût vendu et livré toute sa famille.

— Egoutez, reprit il, Esther est eine ponne fille; moi auzi che suis ein ponne garçon..... Dans le chour che fais ses gommissions, toutes ses gommissions.... pour te l'archent. Ce matin j'affre porté eine lettre au lipraire, et le lipraire m'affre tonné une lettre pour Esther... Gombrenez-vous, messié Lauricot?

— Je comprends que si tu n'en sais pas davantage, nous n'aurons pas besoin de serviettes pour nous torcher la barbe.

— Toucement! toucement!... avant de porter j'affre lu...

— A la bonne heure!... Dis-moi vite où sont les fauvettes, que je les déniche.

— Che poufoir bas tire ça, messié Lauricot... Touchours à gause des sept naboléons et temi...

— Oh! je te le ferai bien dire, moi! s'écria le bandit en s'avançant les poingts fermés vers le juif.

— Mais che poufoir vous y gonduire, continua le garçon sans paraître ému par cette démonstration hostile. Touchours à gause de...

— Tais-toi donc, et marche vite, si tu ne veux pas sentir l'éperon.

— Che margerai abrès la poule... Ça ne sera bas long... y affre décha drois morts... ça fa domber gomme la grêle... c'haffre acrandi les plousses exbrès.

Pendant ce dialogue, la partie continuait, et Jérésu s'interrompait de temps en temps pour proclamer le résultat des coups : — *Le teux, mort! le quatre, mort!* — criait-il de sa voix aigre et gutturale. Et à chaque fois qu'il proférait ces paroles, un des joueurs jetait la queue dans un coin et s'éloignait en blasphèmant; puis, à chaque coup, c'étaient des cris, des récriminations, des injures, des menaces. Tous ces hommes au visage livide, aux traits contractés par les passions les plus viles, semblaient incessamment près de s'entre dévorer comme des bêtes féroces; mais la débauche avait usé en eux toute espèce d'énergie, et ceux-là mêmes qui venaient d'échanger les plus grossières injures se rapprochaient à l'aspect de quelque honnête figure qui leur annonçait une dupe nouvelle à dépouiller.

Enfin la poule s'acheva; un homme, vêtu d'une mauvaise redingote noire, luisante, et ornée de reprises fort peu perdues, bondit vers le garçon en poussant un cri de joie qui ressemblait à celui d'une bête fauve, et il se jeta sur la corbeille qui contenait le montant des enjeux. C'était le gagnant. Il compta la somme, jeta sur le tapis quelques sous, que Jérésu ramassa avec non moins d'avidité, et le bruit des billes agitées dans le panier en forme de bouteille, annonça qu'une nouvelle partie allait commencer.

Cette fois, le juif céda ses fonctions de marqueur à un autre garçon, et s'approchant de Lauricot :

— A brésent, dit-il, ché peux dravailler pour les sept naboléons et temi. Fenez bar ici afec moi.

Il sortirent par un escalier pratiqué dans l'épaisseur des murs et des voûtes, qui les conduisit dans une petite cour séparée seulement par des planches mal jointes de la grande cour du Palais-Royal; puis, par un autre escalier ayant également issue sur cette cour, ils montèrent au premier étage.

Il était dix heures ; les deux jeunes filles et leurs amphytrions étaient encore à table, fêtant le dessert le plus galant, et faisant sauter les bouchons du champagne. Le libraire tenait parole : il avait presque de l'esprit. Le bibliothécaire était parvenu à se faire pardonner sa perruque et ses quarante-cinq ans. Il était si spirituel, si gai ; il disait si bien ces jolis riens qui plaisent tant aux femmes ; il laissait entrevoir à Régine une vie si douce et tant de plaisirs en échange d'un peu d'amour, que la tendre jeune fille, le champagne aidant, le trouvait charmant et presque jeune. Tout-à-coup les lampes s'éteignirent comme par enchantement ; il se fit un sifflement pareil à celui que Régine avait déjà entendu ; puis les lumières se remontrèrent plus éclatantes, et un délicieux boudoir apparut aux regards émerveillés de Régine, qui s'y laissa entraîner presque sans résistance. En ce moment, la porte de cette chambre s'ouvrit brusquement, et deux hommes entrèrent. A leur aspect, les jeunes filles jetèrent un cri d'effroi ; Régine tomba presque évanouie dans les bras du bibliothécaire ; Esther, plus aguerrie, osa regarder les nouveaux venus.

— Jérésu ! s'écria-t-elle, quoi, malheureux ! c'est toi qui me livres ainsi !...

— Che lifre rien, Esther ; seulement che gonduis messié Lauricot... pour sept naboléons et temi...

— Il ne s'agit ni de vendre ni de livrer, s'écria Lauricot ; c'est un oncle, un frère indignés, qui viennent demander raison aux infâmes séducteurs de leur nièce et de leur sœur.

— Des raisons, des ponnes raisons, reprit Jérésu, et de l'archent afec !...

— Décidément, dit le bibliothécaire en riant, le Palais-Royal m'est funeste. Pourtant, mes drôles, je vais vous faire voir que je me souviens de mon ancien métier de dragon, et qu'on ne m'intimide pas facilement.

A ces mots, il s'élança sur le juif, le saisit par les oreilles, et le cloua sur la muraille, en même temps que d'un violent coup de pied, il renversait Lauricot sur la table encore chargée de verres et de bouteilles.

— Mein god! mein god! che suis azaziné! criait Jérésu.

— Ah! c'est comme ça que ça se joue! disait Lauricot en se relevant, eh bien! la partie me va. Gare la casse!

— Je paie! canaille, je paie! criait de son côté le libraire. A combien estimez-vous le dommage?... Deux modistes, dont une juive, ça n'est pas la mer à boire... Voyons, mon ami, disait-il en s'efforçant d'arracher Jérésu des mains du bibliothécaire, crois-tu que j'aie envie de traverser le Palais-Royal à cette heure entre quatre fusiliers? Je vais payer; tu feras trois ou quatre chapitres de roman là-dessus, et peut-être, après tout, y gagnerons-nous plus que s'il en était autrement. Tenez, canaille! ajouta-t-il en jetant quelques pièces d'or sur la table, je vous donne le choix entre ces dix louis et les galères à perpétuité. Lauricot s'empressa de quitter les bouteilles dont il s'était armé pour prendre l'or; mais déjà les mains crochues du juif l'avaient escamoté.

— En ce cas, nous compterons là-bas, dit Lauricot.

Et saisissant Jérésu, il le jeta sur ses épaules, et il l'emporta sans paraître ému des cris que poussait cette hideuse créature. Les amphytrions, demeurés seuls, cherchèrent alors du regard leurs jolies compagnes; mais, profitant du bruit, de la lutte, elles avaient disparu sans en attendre la fin.

Arrivées sous la galerie du Théâtre-Français, les deux jeunes filles furent séparées par la foule qui sortait du spectacle. D'abord, Régine s'efforça de rejoindre sa compagne, mais ne l'apercevant point, elle s'en consola, et n'osant rentrer chez sa maîtresse à une heure aussi avancée, et dans le trouble où l'avait mise ce long dîner et ses suites, elle revint dans la grande cour et s'y promena, espérant que le grand air la calmerait un peu, et lui permettrait d'imaginer un expédient pour sortir de ce mauvais pas.

Elle marchait ainsi depuis un quart d'heure sans en être plus avancée.

—Mon Dieu! disait-elle avec amertume, tandis que deux grosses larmes roulaient sur ses joues brûlantes, pourquoi donc permettez-vous que tant de méchants se liguent ainsi contre de pauvres filles!... comme s'il n'était pas déjà assez difficile de résister à la tentation !

— Que dites-vous, Régine? s'écria, en lui prenant le bras, un jeune homme qui, depuis quelques minutes, marchait doucement derrière elle sans qu'elle s'en fût aperçue.

La pauvre enfant jeta un cri de douleur et elle s'évanouit : elle venait de reconnaître Adrien.

V.

Un petit ménage. — Une femme perdue.

Le lendemain, au point du jour, Régine se réveillait aux côtés d'Adrien, dans une petite mansarde toute gracieuse et gentiment meublée.

—Ainsi, il est bien vrai que tu n'as plus de chagrin! disait le jeune homme en embrassant l'aimable enfant.

que je ne pourrais plus vivre... et pourtant je sais que je n'ai pas le droit de...

Adrien l'interrompit en prenant un baiser sur ses lèvres vermeilles.

— J'entends, dit-il ensuite, qu'il ne soit jamais question de cela entre nous.

— Oh! comme je vais m'efforcer de te rendre tout le bonheur que tu me donnes!... Vous verrez, monsieur, comme votre petit ménage sera bien tenu, comme j'aurai soin de toi .. comme je vous dorloterai les dimanches et les jours de fête, alors que nous passerons toute la journée sans être obligés de songer à autre chose... que tu seras là, près de moi, que tu m'embrasseras...

— Comme cela!...

— Toujours! toujours ainsi!...

— Non, puisque tu me pardonnes.

— Oh! de tout mon cœur, belle amie; car tu as été dans tout cela bien plus à plaindre qu'à blâmer... Et nous ne nous séparerons plus?

—Jamais, jamais!... On est si bien ici!... avec toi!... dans tes bras!... Ecoute, je sais faire une foule d'ouvrages à l'aiguille; je travaillerai pour les magasins. Je gagnerai peu, mais je dépenserai moins encore. Il me faudra si peu de chose, pourvu que je te voie tous les jours !

— Et toutes les nuits.

— Eh bien! oui, monsieur, toutes les nuits, sans exception, entendez-vous?... Oh! oui, oui, sans exception, n'est-ce pas?... Ah ! c'est que si tu m'étais infidèle, je sens

La joie, le bonheur, l'amour débordaient le cœur de la jeune fille. Cette fois c'était sans regret, sans réserve, avec délices, qu'elle se donnait corps et âme, qu'elle se livrait aux embrassements de l'homme qui le premier avait fait battre son cœur. Elle commençait une vie nouvelle, et l'avenir semblait ne lui réserver que bonheur et plaisirs. Délicieuses illusions qui épanouissent l'âme, et qui doivent tomber ensuite une à une, comme les feuilles d'une rose!

Adrien sortit pour se rendre à son magasin; Régine s'occupa aussitôt de mettre tout en ordre, puis elle sortit à son tour afin de faire toutes les dispositions nécessaires pour s'établir de la manière la plus confortable possible dans ce petit réduit, métamorphosé par l'amour en paradis terrestre. Elle alla faire des offres de service dans divers magasins; sa gentillesse, sa douceur la firent remarquer ; quelques ouvrages lui furent confiés, et dès ce jour-là même le petit ménage fut parfaitement organisé.

Dès lors les jours passèrent rapides et heureux ; l'amour des jeunes amants, loin d'être diminué par la possession, s'avivait pour ainsi dire à chaque heure. Régine travaillait avec une ardeur toujours croissante. Le dimanche, après une journée passée près l'un de l'autre conformément au programme de la jeune fille, on se permettait vers le soir une courte promenade, ou l'on allait au spectacle. Enfin c'était un véritable ménage modèle, moins la consécration civile et religieuse. Adrien, tout entier à son amour, avait rompu avec ses camarades de plaisir ; son exactitude, son intelligence lui valurent de plus en plus la bienveillance de son patron, qui lui accorda bientôt une confiance illimitée.

Le bonheur embellit : en quelques mois la beauté de Régine, qui avait tant souffert jusque-là, se développa d'une manière vraiment extraordinaire ; elle grandit un peu ; son visage, presque rond, s'allongea en ovale ; ses beaux yeux pleins de feu semblaient raconter les voluptueuses extases qui marquaient chacun de ses jours.

Par une belle matinée de printemps, Régine, d'un pied blanc, leste et mignon, traversait le jardin du Palais-Royal, portant, dans un galant petit panier, de charmants petits ouvrages dont elle avait en quelque sorte maintenant le monopole, ce qui la mettait en situation de faire des économies assez importantes relativement au point de départ. Déjà elle était arrivée au passage du café de Foi ; elle allait entrer dans la rue basse, lorsqu'elle aperçut une femme, à peine couverte de quelques guenilles tombant en lambeaux, qui marchait, ou plutôt se traînait avec peine sur le pavé noir et glissant. Touchée de compassion, la jeune ménagère porte la main au gentil sac de velours qui lui tient lieu d'escarcelle; elle en tire quelques pièces de monnaie et s'approche de la pauvre femme à laquelle elle les destine. Puis tout-à-coup elle s'arrête comme frappée de terreur : cette femme, que la livrée de la misère semble écraser; cette femme qui paraît près de tomber d'inanition, c'est Félicie Caumont, c'est sa tante!

— Mon Dieu! dit la fraîche jeune fille en prenant sous le bras pour la soutenir cette femme maigre, décharnée, vieillie avant l'âge par des excès de tout genre, mon Dieu! ma bonne tante, est-ce bien vous que je vois? vous, dans cet état déplorable!... Ah! je suis bien coupable de n'avoir pas deviné cela!

— Pauvre enfant! répondit cette malheureuse en levant vers sa gentille nièce un regard éteint, tu me reconnais-donc?... Ah! je suis bien sûre que tu ne m'aurais pas abandonnée si ce scélérat de Lauricot... Et lui aussi, il m'a abandonnée, le monstre! lui que j'aimais et à qui j'avais sacrifié mes dernières belles années! lui que j'ai si longtemps nourri de mon travail, et que j'aurais nourri de mon sang si je l'avais pu!... Ma chère fille, je n'en puis plus; j'étais sur le point de tomber lorsque tu m'as soutenue... c'est le bon Dieu qui t'envoie au secours de ta pauvre tante... Peux-tu me faire prendre quelque chose? deux doigts de vin, ça me remettrait...

— Venez, venez; je vais vous conduire chez moi.

— Ah! tu es bien heureuse, Régine, tu as un chez toi!... tu as un lit où tu peux dormir, une chaise pour t'asseoir, de bons vêtements pour te couvrir... Moi, je n'ai plus que la paille sur laquelle tu couchais, dans ce cabinet, fournaise ardente tant que dure l'été, horrible cage de glace pendant l'hiver! Mais c'est peut-être bien loin, ton chez toi, et je vois un marchand de vin à deux pas d'ici...

La jeune fille devint toute tremblante à la seule idée d'entrer dans le cabaret que sa tante lui indiquait du doigt, et sur le seuil duquel étaient plusieurs cochers de fiacre dont les voitures stationnaient dans cette rue; le visage de sa tante, au contraire, prenait une certaine animation à mesure qu'elle approchait de ce lieu. Régine se résigna; elle entra avec sa tante dans ce cabaret, et jeta tout d'abord une pièce d'argent sur le comptoir en demandant un verre de vin.

— Tiens! c'est la mère Lauricot, dit le

cabaretier. Bonjour, ma vieille... Quand est-ce donc que vous reprendrez ces chiffons et cette reconnaissance du Mont-de-Piété que vous m'avez laissés pour les trois derniers litres ?

— C'est bon, c'est bon ! répondit Félicie avec l'accent de la colère, qui a terme ne doit rien.

— Ah ! c'est que vous êtes une vieille *soiffeuse* qui n'avez pas de mémoire tant que vous pouvez vous la rafraîchir.

Régine souffrait horriblement; sa tante prit sans hésiter l'énorme verre de vin épais que venait de lui verser le marchand, et elle l'avala d'un trait comme si elle eût craint qu'on le lui enlevât.

Toutes deux sortirent; la jeune fille

amena Félicie chez elle et lui servit à déjeuner.

— Comme c'est gentil chez toi ! disait la malheureuse tout en mangeant et se versant à boire à chaque instant ; j'ai pourtant été comme ça !... Sur la fin, ces gueux d'hommes m'en ont fait voir de cruelles !... Bast ! ça reviendra peut-être... A ta santé, ma fille ; est-ce que tu ne trinques pas avec moi ?

Régine était anéantie ; elle pleurait. Cependant elle apprêtait des vêtements contre lesquels elle invita sa tante à échanger les sales guenilles qu'elle portait ; puis elle lui remit de l'argent en l'engageant à la venir voir quelquefois, vers le milieu du jour, heure à laquelle Adrien était toujours absent ; et elle promit de faire tout ce qu'elle pourrait pour la soulager.

Le soir même Félicie remontait en chan-

tant les dix étages du passage Radziville :
la malheureuse était ivre!... Le lendemain matin, avant qu'elle eût quitté la
misérable paillasse qui lui servait de lit,
Lauricot entra.

Il paraît qu'il y a du quibus, s'écria-t-il,
et que les pigeons reviennent au colombier? Ça tombe bien! j'ai justement eu
hier un guignon d'enragé : trois racrocs,
coup sur coup ; enfoncé par des infirmes!
c'est dur, hein? D'un autre côté, rien à
faire au 113; personne au biribi, pas un
pantre à la roulette, et le bal sentimental
orné de clercs d'huissiers et de garçons
tailleurs... Le bon temps s'en va, les bonnes choses passent; le Français né malin,
d'après le vaudeville, me produit l'effet
de tourner au concombre.... Heureusement, ma vieille, que tu vas te faire le
plaisir de m'offrir quelque chose... une
bouteille de blanc pour me rincer la bou-

che... ça ne blanchit peut-ête pas les dents, mais ça les allonge, et pour peu que l'on sache où déjeuner, on ne peut s'en priver sans faire tort à ses connaissances.

Félicie lui raconta comment elle avait rencontré sa nièce, et ce qui était résulté de cette rencontre.

— Et pourtant, dit-elle en finissant, je ne devrais pas te dire cela, mauvais sujet, car tu t'es horriblement conduit envers moi.

— Chère amie, l'habitude est une seconde nature, ou plutôt c'est la première. Or, ayant contracté l'habitude de manger tous les jours, il est clair que lorsqu'il n'y a rien à mettre sous la dent, l'ordinaire de la maison m'est naturellement contraire. Mais puisque, selon les apparences, nous commençons à remonter sur l'eau, l'inconvénient disparaît et le volage revient : vérité qui sera doublement démontrée tout à l'heure par notre présence à la petite cave de la rue Beaujolais.

> On en revient toujours
> A ses premières amours!

— Ah! méchant garnement, comme tu sais faire de moi tout ce que tu veux!

Ils sortirent, et le reste de l'argent donné par Régine fit les frais de cette réconciliation. Dès ce moment la joie, le bonheur que la jeune fille avait goûtés dans son petit ménage commencèrent à s'altérer. La pauvre petite ne pouvait qu'à grande peine suffire aux exigences de sa tante qui, poussée par Lauricot, revenait fréquemment à la charge. Elle travaillait beaucoup plus que dans les commencements, et elle ne faisait plus d'économies. Adrien ne tarda pas à s'apercevoir de ce changement; il remarqua aussi que sa gentille compagne perdait chaque jour quelque chose de cette gaîté charmante qui lui seyait si bien, et qu'il se sentait si heureux de partager; cela l'affligea profondément, mais il ne s'en plaignit point, de peur, en essayant de découvrir ce mystère, de détruire le bonheur qui lui restait. Régine, d'ailleurs, était toujours la douce et naïve enfant des premiers jours; elle avait pour lui autant d'amour, de dévouement; comme toujours elle ne se trouvait heureuse que près de lui, que pouvait-il raisonnablement demander de plus?

Plus d'une année s'était écoulée ainsi; Lauricot était devenu de plus en plus insatiable; Félicie, toujours en proie à cet amour, hideux chez une vieille femme, pour des plaisirs d'un autre âge, ne laissait pas de trêve à la pauvre Régine. Adrien, s'imaginant qu'il ferait cesser la tristesse de cette dernière, s'il pouvait être plus souvent près d'elle, avait profité de l'entière confiance que son patron avait en lui pour renoncer à son emploi de commis, et lui substituer un commerce de courtage en bijoux qui lui réussissait parfaitement.

— Ma bonne petite, lui dit-il un jour, tu travailles trop ; cela t'assombrit, et je ne suis complètement heureux que lorsque je te vois gaie et contente. Travaille moins désormais, je t'en prie ; occupe-toi davantage de nos plaisirs, de notre bonheur. Mes affaires prospèrent ; nous sommes presque riches maintenant. Bien entendu que je ne compte pas à notre avoir les richesses qui me sont confiées, cela serait trop beau ; car j'ai là, dans mon tiroir, pour plus de quarante mille francs de pierreries ; mais je puis mettre en ligne de compte les bénéfices que je ferai infailliblement sur ces objets, et quand cela sera réalisé... alors... sans bruit, sans éclat, accompagné de quatre amis seulement, je conduirai ma jolie petite ménagère à la mairie du deuxième arrondissement, et de là à l'Eglise des Petits-Pères, pour qu'il ne nous manque rien, etc....

— Oh! mon Adrien, mon ange bien aimé, est-il bien vrai que tu aies cette bonne pensée?... Oui, oui, je la lis sur ton front, dans tes yeux... Jamais je ne pourrai te rendre tout le bonheur que tu me donnes!

A partir de ce moment, Régine travailla tout autant que par le passé, mais elle s'efforça de paraître travailler moins, pieuse tromperie qu'elle croyait faire tourner au profit de la bienfaisance, et qui ne favorisait que la plus sale débauche. La pauvre enfant reconnut enfin cette vérité, et s'armant d'une honorable résolution, elle refusa à son indigne tante tout ce qui lui semblait dépasser les bornes du nécessaire.

Un jour que Lauricot attendait Félicie dans l'un de ces repaires souterrains qui avoisinent le Palais-Royal, il la vit arriver l'air morne et découragé.

— Qu'est-ce qu'il y a donc, ma chère colombe numéro un? s'écria-t-il; est-ce que les tourtereaux en question menaceraient de couper criminellement les vivres à leurs parents infortunés?... S'il en était ainsi, double trique-madame!...

— Eh bien! oui, mange-tout! tu as mis le doigt dessus. Régine n'a plus rien à elle, pas une balle, pas la monnaie d'un canon!

— Allons donc! il m'est tombé dans l'oreille que son particulier fait des affaires d'or.

— D'or et de diamants, c'est vrai, à

preuve qu'il y en a chez eux plein des boîtes en maroquin et en peau de chagrin ; mais c'est à lui et non à elle... Elle dit qu'elle mourrait plutôt que d'y toucher.

— Et tu donnes dans ces godans-là, toi?... Tu acceptes les frimes pour argent comptant, et tu avales ainsi les couleuvres sans les mâcher?... A ton aise, princesse ; mais quant à moi, je suis d'un autre tempérament. Et puis, je parierais que tu as manqué d'éloquence, monnaie superlative dont je suis toujours parfaitement pourvu, particulièrement lorsque la fortune menace de me tourner le dos. En conséquence, tu vas me conduire près de l'enfant en question, afin que je la raisonne.

— Y penses-tu, Lauricot?... ce serait perdre cette pauvre enfant!

— Alors, chère amie, nous nous occuperons de la retrouver. Règle générale, les poulettes de cette trempe sont créées et mises au monde pour être incessamment perdues et retrouvées. Tel que tu me vois, Félicie, j'en ai perdu énormément, et je les ai toutes retrouvées, un peu plus haut, un peu plus bas, plus ou moins détériorées, mais toujours bonnes filles, comme toi, par exemple; car c'est une qualité qui ne se perd pas, à moins que l'on devienne duchesse, ou au moins baronne, cas auquel on devient dévote, maussade et bête... c'est une triste fin que tu n'as pas à redouter... Allons, encore un canon sur le pouce, et tu vas me conduire chez ma nièce par alliance... Pauvre petite chérubine! il me souvient de sa douce enfance.... mais c'est bête de s'attendrir comme ça!... A ta santé, chère amie. C'est le coup de l'étrier! Et maintenant en route pour les pays inconnus!... Divins pays aux montagnes d'or... Ah ça!

triple-trique-dondaine! est-ce que la dame de mes pensées refuserait d'obtempérer à mes désirs brûlants, relativement à la connaissance du domicile d'une personne qui doit m'être chère à plus d'un titre?... C'est que, s'il en était ainsi, je me verrais, dans la triste nécessité d'user de mes droits à la force du poignet.

Félicie savait ce que cela voulait dire; aussi s'empressa-t-elle de se montrer soumise, et dix minutes après, ces deux types de la civilisation parisienne se dirigeaient vers la cour des Fontaines, où était situé le domicile d'Adrien.

VI.

Préjean. — Le café des Variétés. — La brigade de sûreté.

— Comme je n'aime pas à être interrompu, disait Lauricot pendant le trajet, et que deux femmes ne peuvent guère se trouver en présence sans parler beaucoup, tu me feras le plaisir, chère amie, de demeurer en faction à un étage au-dessous de celui de Régine, et s'il survenait quelque fâcheux, tu tousserais de manière à te faire entendre.

Félicie, malgré sa dégradation, n'était pas sans inquiétude sur les projets de cet homme qui, après une vie excessivement agitée, avait achevé de la plonger dans la plus vile abjection, mais lorsque Lauricot parlait, elle ne savait qu'obéir. Pourtant elle hasarda quelques timides objections.

— Ma reine, lui dit Lauricot en l'interrompant, vous savez que je ne permets pas d'observations sur les choses dont j'ai pris mon parti. Notre chère nièce est douée d'un penchant à l'ingratitude qui me paraît fort prononcé, et c'est là une infirmité morale dont j'ai la prétention de la guérir. Ayez donc foi en mon expérience et laissez moi opérer, vous vous en trouverez bien, si non...

— Nous voici arrivés, dit Félicie.

Elle entra dans la maison où demeurait sa nièce; le misérable la suivit jusqu'au quatrième étage; puis, d'un signe il la cloua sur le palier, et montant l'escalier quatre à quatre, il arriva à la mansarde de Régine. En l'apercevant, elle jeta un cri d'effroi.

— Ah! fit le misérable en accompagnant ses paroles d'un rire satanique, je savais bien, moi, qu'elle serait joyeuse de me revoir, cette chère enfant!... mais hélas! la vie est courte, et je n'ai que bien peu d'instants à accorder à la manifestation de si doux sentiments. Tu n'ignores pas, mon enfant, que ta respectable tante, vu le malheur des temps, se trouve réduite à une situation fort peu opulente; toi, au contraire, tu as eu de la chance, et tu le méritais : on n'est pas jolie fille pour mourir de faim. Tu as mis le grapin sur un particulier bonasse et bien pensant, ça te revenait de droit...

— Monsieur, s'écria Régine, chez qui la frayeur faisait place à l'indignation, retirez-vous... sortez! sortez!...

— Qu'est-ce que c'est?... nous nous rébellons contre l'autorité presque paternelle!... nous repoussons les conseils affectueux de l'ami de notre enfance.

— Monsieur, vous ne m'êtes rien, je ne vous connais pas.

— En vérité?... eh bien! foi de Lauricot, ça m'étonne; car d'ordinaire

Mes pareils à deux fois ne se font pas connaître.

Je vais donc droit au fait, princesse : Asseyez-vous, je vous prie, sur cette chaise, et souffrez que je vous fasse une ceinture avec ma cravate... Pas un mot, pas un cri, ou je vous tue!... Et comme votre tante est là dans l'escalier, qui attend le résultat de l'opération, notre affaire à tous sera excessivement claire.

— Mon Dieu ! mon Dieu! ayez pitié de moi !

— De vous, mon infante! de vous, qui n'avez pitié de personne !

— Tenez, j'ai encore des bijoux, des objets de toilette d'un assez grand prix, je vais vous remettre le tout, mais au nom du ciel...

— Ne vous donnez pas la peine, chère petite ; il suffit maintenant que je sache que tout cela est ici... tenez, comme cela... les mains sur le dos... avec mon mouchoir de poche pour les préserver du froid... il est d'hier, je l'avoue, mais je ne prends pas de tabac.

Régine se débattit un instant.

— Tuez-moi! tuez-moi plutôt! disait-elle d'une voix étouffée.

Mais, sans être ému de ses paroles, Lauricot continuait à l'attacher fortement sur une chaise. Régine fit un dernier effort; elle poussa un cri terrible, et parvint à dégager ses mains des entraves qui les retenaient.

— Silence! fit le misérable dont la voix sifflait entre ses dents.

Et comme l'infortunée jeune fille continuait à se débattre, il la saisit au col de ses mains larges et noires, et la serra si violemment qu'elle fut suffoquée et perdit connaissance. Alors Lauricot s'élança vers les meubles, en bouleversa les tiroirs, s'empara de l'argent, des bijoux qu'il y trouva, des écrins confiés à Adrien par son patron, et, muni de ces richesses, il s'enfuit, se bornant à faire signe à Félicie, en passant près d'elle, de gagner au large le plus vite possible. Elle le suivit aussitôt, mais il descendit l'escalier avec une telle rapidité qu'elle le perdit de vue avant d'être parvenue au premier étage. Arrivée dans la rue, elle le chercha inutilement, le misérable avait disparu. Alors seulement, cette malheureuse comprit la criminalité de l'action qu'elle avait commise.

— Le monstre l'aura tuée ! dit-elle.

Et cette pensée terrible ranimant quelque peu ses forces épuisées, elle revint sur ses pas et remonta l'escalier avec une rapidité dont on ne l'aurait plus crue capable. Elle entre dans la mansarde, court à sa nièce qu'elle débarrasse de ses liens, et s'efforce de lui rendre l'usage de ses sens. Enfin, Régine r'ouvre les yeux ; elle regarde autour d'elle, et reconnaissant sa tante, elle la repousse violemment.

— Retirez-vous ! retirez-vous ! s'écria-t-elle. Assassin, voleur !... Mon Dieu ! au secours !

— Régine, je t'en prie, calme-toi... aie pitié de ta pauvre tante.... veux-tu que j'aille mourir en prison ?

Mais la jeune fille ne l'entendait point ; en proie au plus violent désespoir, elle se roulait sur le carreau en se meurtrissant le visage. En ce moment Adrien entra.

— Qu'y a-t-il donc, grand Dieu ? qu'est-il arrivé ? demanda-t-il en courant à sa gentille ménagère.

Il la prend dans ses bras, la porte sur son lit en la couvrant de baisers.

— Adrien !…. mon bien-aimé ! nous sommes perdus !… Un scélérat, un assassin, guidé par cette femme dont j'ai le malheur d'être la nièce, a tout pris… tout ce qui était à nous, tout ce que l'on t'avait confié…

— Sainte vierge ! dit la vieille en tombant à genoux, la malheureuse veut me faire guillotiner… c'est la propre sœur de son père qu'elle mène à l'échafaud…

— De plus en plus effrayé, Adrien regarde autour de lui : à ses meubles ouverts, aux tiroirs bouleversés, il devine la vérité.

— Perdus ! perdus ! répéta-t-il en demeurant immobile et comme anéanti. Puis il reprit après un instant de ce terrible silence :

— Mais, au nom de Dieu! dites-moi donc comment cela est arrivé? Peut-être le voleur n'est-il pas loin .. on pourrait l'arrêter... Parle, parle, Régine, je t'en conjure!

Alors la jeune fille s'efforçant de maîtriser son désespoir, raconta ce qui s'était passé.

— Songe donc, mon enfant, dit ensuite la vieille, qui était demeurée à genoux, que si j'avais dû partager avec le scélérat, je ne serais pas à présent auprès de toi.

L'âme d'Adrien était trop belle pour qu'il ne trouvât pas cette raison suffisante.

— Retirez-vous, madame, lui dit-il en la relevant; vous êtes assez malheureuse d'avoir appartenu à un tel misérable ; votre nom ne sera pas prononcé. Et maintenant, ma Régine, tâche de te remettre. Tout n'est peut-être pas perdu : je cours à la police, pour qui il n'y a rien de caché, dit-on, et il est possible que le voleur soit arrêté avant la fin de la journée.

La pauvre enfant fondait en larmes.

— Nous étions si heureux ! dit encore Adrien.

— Oui, oui, mon bien-aimé !... j'étais trop heureuse... Je n'avais pas mérité tant de bonheur, et je n'ai pas le droit de me plaindre pour moi; mais toi, toi, mon Adrien, qu'as-tu fait pour mériter un pareil malheur ?... Tu as eu pitié d'une pauvre fille, tu l'as aimée, tu as voulu l'élever jusqu'à toi pour la purifier.... c'est donc là un crime aux yeux de Dieu !

Dans sa douleur, la pauvre enfant approchait bien de la vérité. Adrien n'avait pas commis un crime, mais il subissait les conséquences rigoureuses de sa conduite : les lois de la morale sont immuables, et il éprouvait qu'on ne les brave pas impunément.

Une heure après cette scène, le jeune courtier se rendait près du chef de la *police de sûreté*, ainsi nommée très probablement à cause de son personnel qui était, à cette époque, presque entièrement composé de voleurs. Voici comment cette institution avait été créée. Le préfet de police de ce temps-là, qui était M. Dubois, prédécesseur de M. Pasquier, aujourd'hui chancelier de la chambre des pairs; M. Dubois donc, n'ayant rien de mieux à faire ce jour-là, avait agencé cet admirable syllogisme : Pour faire main-basse sur les voleurs, il faut les connaître; or, les honnêtes gens n'ont jamais de ces connaissances là ; donc la police des voleurs doit être faite par d'autres voleurs. C'était à peu près l'histoire de M. Bonardin, qui n'aimait pas les épinards, et qui en était enchanté, car s'il les eût aimés il en eût mangé, et, comme il ne pouvait pas les souffrir, cela eût été fort désagréable.

Quoi qu'il en soit, il y avait alors à Paris un homme qui s'était évadé du bagne et de plusieurs prisons ; nul ne connaissait mieux les ruses des malfaiteurs que, le premier, il a divisés par catégories. C'était une sorte d'Hercule, qui avait cent fois brisé ses fers sans autre secours que celui de ses muscles, et qui, d'un coup de poing, eût assommé un bœuf. Ce fut à cet homme que le préfet s'adressa.

— Mon ami, lui dit-il, les voleurs infestent Paris ; ils nous désolent ; qu'en pensez-vous ?

— Monsieur le préfet, je pense qu'il font leur métier.

— Oui ; mais le nôtre est de les mettre sous les verroux, et pour y parvenir, j'ai imaginé un moyen excellent, c'est d'attacher à mon administration les plus habiles d'entre eux. Comment trouvez-vous mon projet, mon gaillard ?

— Monseigneur, je l'admire ; c'est de la haute politique !...

— Non, c'est seulement de l'administration.

— Alors, c'est de l'administration transcendante !... tout ce qu'il y a de plus transcendant !...

— Bien ! bien ! on ne m'avait pas trompé ; le drôle a de l'esprit.... Eh bien ! je vous charge de recruter les sujets, et je vous en fais le chef. Vous recevrez vos instructions de moi directement, et si je suis content de vous, je demanderai au grand-juge votre grâce pleine et entière.

Quelques jours après, la police parisienne possédait, sous le titre de *brigade de sûreté*, une institution modèle dont le chef, évadé du bagne, commandait une petite armée composée d'ex-forçats ou repris de justice. Les bureaux et l'état-major furent établis dans la petite rue Saint-Anne, près de l'arcade donnant sur la cour de la Sainte-Chapelle. Ce fut là que, le désespoir dans le cœur, Adrien se rendit.

— Hum! fit le chef de la brigade (1),

---

(1) Ce chef était le fameux Vidocq, lequel publie en ce moment l'épisode le plus dramatique de *ses Souvenirs*, LES CHAUFFEURS DU NORD.

Nous devons dire que le service dit de sûreté a été grandement amélioré par M. Gisquet.

« Trouvez-moi d'honnêtes gens qui consentent à faire ce métier, disait un lieutenant-général de po-

lorsqu'Adrien lui eut raconté les faits, êtes-vous bien sûr d'avoir été volé?

— Je ne vous comprends pas, répondit l'honnête jeune homme; je vous dis le crime, je nomme le coupable ; je vous dis quelles sont ses habitudes, les lieux qu'il fréquente...

— Sans doute... notre devoir est de le chercher, et nous le chercherons.... Mais ces lieux dont vous parlez sont des cafés, des maisons de jeu, etc..., endroits où l'on ne pénètre guère sans être obligé de faire

lice à quelqu'un qui lui reprochait de n'employer que des hommes tarés.

M. Gisquet, pendant son édilité, a prouvé que le mot n'était pas juste, en épurant le personnel de son administration et en déclarant qu'à l'avenir nulle personne ayant subi une condamnation judiciaire, même la plus légère, ne pourrait être admise parmi les employés et les agents de la police. On marche encore aujourd'hui dans cette voie, et les choses n'en vont que mieux.

quelque dépense..... et pour tout cela, l'administration ne nous passe rien.

— Que ne le disiez-vous tout de suite? s'écria Adrien. Dans dix minutes, je vous remettrai l'argent nécessaire.

Il sortit, alla vendre, sur le quai des Orfèvres, sa montre et quelques menus bijoux qu'il portait.

— Prenez, monsieur, dit-il en jetant sur le bureau les trois cents francs qu'il avait tirés de ces objets; et, pour Dieu, hâtez-vous! La question que vous m'avez faite d'abord m'a éclairé sur ma position; je comprends maintenant que de hideux soupçons peuvent s'élever contre moi.... Heuresuement, il me reste un autre moyen de démontrer mon innocence.

— Soyez tranquille, jeune homme, dès

ce soir, branle-bas général à votre intention!...... Le Lauricot sera pincé, dût-on l'aller chercher en enfer.

Adrien, un peu rassuré, revint près de Régine, qu'il s'efforça de consoler; il fit de tendres reproches auxquels on répondit par des larmes et des baisers ; enfin, on se résigna à attendre, en se berçant de l'espoir qu'on en serait quitte pour la peur.

Cependant Lauricot n'avait quitté la cour des Fontaines que pour se précipiter dans le labyrinthe des galeries de bois dont il connaissait assez bien les êtres pour qu'il les regardât comme un refuge assuré. Une fois sur ce terrain, où il se sentait le pied solide, Lauricot reprit son assurance ordinaire; il marcha lentement, coudoya les filles, lorgna les marchandes, et se donna des airs de mauvais drille, tout en regardant de temps en temps par-dessus son épaule pour s'assurre qu'on ne le suivait pas de trop près. Au bout de quelques minutes, il se trouva devant la boutique de Préjean ; il y entra en s'écriant :

Bonjour, maître ! Mille Dieux ! il faut que je vous fasse mon compliment de la séance d'hier ; votre tour des chats est ce que j'ai vu de mieux : c'est beau ; ça enfonce Comus et ça dépasse Olivier (1).

— Oh ! fit Préjean souriant, j'en ai de plus forts que ça dans mon sac.

(1) Com s, Olivier, Préjean, étaient les escamoteurs ou, si l'on veut, les professeurs de physique amusante les plus en vogue à cette époque. Préjean, qui se faisait remarquer surtout par une bonhomie charmante, donnait des séances à Tivoli tant que durait l'été ; l'hiver, il se réfugiait dans les caveaux du café des Variétés, tenu par un nommé Patte, où il faisait chaque soir l'admiration de deux ou trois mille oisifs. Il avait en outre, dans les galeries de bois, une boutique où il vendait des boîtes à double fond, des sacs à la malice, des portefeuilles enchantés, etc., avec la manière de s'en servir.

— Je ne dis pas le contraire, mais le tour des chats (2) me plaît par-dessus tout, et j'ai bien mes raisons pour cela, car j'ai étudié l'expérience à ce point que cela m'a fait faire une nouvelle découverte....

— Ah ! diable !

— C'est comme je vous le dis, mon cher maître. Pourtant, avant de me risquer à en faire l'essai, je veux vous voir de nou-

(2) Le tour des chats consistait en ceci : Préjean mettait des muscades sous un gobelet, puis il levait ce gobelet posé sur une table entièrement découverte, et il s'y trouvait, au lieu de muscades, d'énormes morceaux de grès six fois plus gros que le gobelet lui-même, et que l'escamoteur jetait avec colère aux pieds des spectateurs; puis il prenait de nouvelles muscades, les couvrait avec le même gobelet, promettant de les métamorphoser en amours aux ailes de flamme. Il levait de nouveau le gobelet, et il en sortait une myriade de petit chats qui, effrayés par le bruit et la lumière, s'enfuyaient dans toutes les parties de la salle.

veau expérimenter sur les susdits chats. Je viens donc tout exprès vous prier de ne passer à cette expérience, ce soir, au café des Variétés, que lorsque vous me verrez parmi les spectateurs. Si le public s'impatientait et demandait l'expérience, vous pourriez dire que vous m'attendez pour la faire; j'aurai là de bons amis avec des mains en forme de battoirs, et au seul nom de Lauricot, on vous fera un bouquet dans le soigné, c'est moi qui vous le dis, indépendamment de l'indemnité préalable que je vous prie d'accepter.

En parlant ainsi, il mit sur le comptoir de l'escamoteur-marchand deux des pièces d'or faisant partie du butin qu'il devait à son audacieux coup de main, puis il disparut.

Le soir même, la foule entourait l'estrade de l'adroit prestidigitateur. Déjà Préjean avait fait la plupart de ses tours à la satisfaction générale ; il devait terminer la séance par le fameux tour des chats, et il cherchait du regard, parmi les spectateurs, l'homme qui s'était présenté chez lui. Ne l'apercevant point, il dit :

— Messieurs, nous suspendrons, si vous le voulez bien, la séance pendant quelques instants en faveur de M. Lauricot, l'un des amateurs les plus distingués de la prestidigitation, qui a bien voulu promettre son concours pour ce soir. Il ne peut tarder à paraître, et vous ne perdrez pas pour attendre, car ce savant amateur doit nous montrer un tour de sa façon.

— Bien tombé! dit à son camarade l'un des agens de sûreté qui se trouvaient parmi la foule. Reste ici ; moi, je cours au bureau raconter la chose et chercher du renfort. C'est une belle prise qui nous fera honneur.

Il partit en effet. Le chef de la brigade, instruit de ce qui se passait, lança vers le Palais-Royal le reste de ses agents; les cinq ou six issues du café furent gardées, et le gros de la brigade alla grossir le nombre des consommateurs qui entouraient l'estrade de Préjean, et commençaient à s'impatienter.

Tandis que cela se passait, un homme, le visage presque entièrement caché par le haut d'un carik à cinq collets, et la tête couverte d'une casquette de voyage, se présentait au bureau de la petite rue Sainte-Anne, où le chef de la brigade était seul. Une fois entré, cet homme écarta son carik, ôta sa casquette, et d'une voix menaçante il dit :

— Jules, est-ce bien sérieusement que tu fais la guerre aux amis?

— Pied-de-Fer! s'écria le nouveau fonctionnaire en pâlissant et reculant de deux pas.

—Oui, Pied-de-Fer à qui tu dois la vie; Pied-de-Fer qui t'a cédé son tour d'évasion; Pied-de-Fer que tu fais traquer en ce moment sous le nom de Lauricot...

— Que veux-tu! il fallait bien en finir; on m'a fait des offres et je les ai acceptées; mais ce n'est pas à dire que je sois capable de vendre et livrer l'homme qui m'a fait recouvrer la liberté en faisant le sacrifice de la sienne. Bien loin de là, je puis te donner le moyen de vivre tranquillement à Paris sans avoir désormais rien à craindre des *curieux* (agents de police). Consens à servir sous mes ordres.

— Plus tard, nous verrons. Pour le moment, la vie est douce, le ciel serein, et les pieds me démangent. Adieu!

Et il partit laissant le nouveau fonctionnaire stupéfait de cette apparition.

Cependant l'orage commençait à gronder autour de Préjean.

— Le tour! le tour! l'amateur promis!... criait-on de toutes parts.

— Ma foi, messieurs, dit en quittant son estrade l'escamoteur impatienté le tour est fait, et c'est Lauricot qui nous l'a fait voir à tous.

A ces paroles succéda un grand tumulte pendant lequel messieurs du service de sûreté eurent, dit-on, le malheur de se tromper souvent de poches. Il en résulta qu'un grand nombre d'amateurs de presdigitation se trouvèrent en un instant débarrassés de leurs tabatières, de leurs bourses, de leurs montres, etc., nouveau tour qu'ils goûtèrent fort peu; mais ils durent se consoler en se disant que les belles institutions coûtent toujours beaucoup à former, et que les bonnes choses ne se paient jamais trop cher.

Cependant l'infortuné Adrien était sur des charbons ardents. Heureusement un homme de vingt-deux ans, bien constitué, était, dans ce temps de lugubre et glorieuse mémoire, une marchandise rare et qui se payait cher.

Les marches, contre-marches, le canon et le bivouac faisaient de cette denrée une immense consommation. Les remplaçants militaires, quand on en trouvait, se payaient au poids de l'or (1).

Huit jours après le malheur qui lui était

(1) En 1813, les remplaçants se sont payés jusqu'à 25,000 francs.

arrivé, Adrien se présenta chez son patron.

— Monsieur, lui dit-il, il ne me restait, pour vous indemniser, que mon corps; je l'ai vendu, et voici les vingt mille francs que l'on m'en a donnés; prenez-les à titre d'à-compte. On ne revient guère aujourd'hui de là où je vais ; si je meurs votre débiteur, au moins j'aurai conservé votre estime.

A ces mots, il posa un portefeuille sur le comptoir, et avant que le joaillier, stupéfait, eût pu lui répondre, il avait disparu.

Régine, malade depuis le fatal accident qui avait détruit son bonheur, faillit mourir de désespoir lorsque Adrien vint lui annoncer qu'il partait pour les provinces Illiriennes où se trouvait alors le régiment dont il devait faire partie.

— Cher ange bien aimé, lui disait-il en

s'efforçant de la consoler, je te laisse gardienne de ce que j'ai de plus cher au monde. Fais donc qu'à mon retour je retrouve ces beaux yeux si vifs, ces joues si fraîches, et que ton cœur, que je sens battre, soit toujours à moi.

Il se passa de longs instants sans que la pauvre enfant pût répondre : ses larmes et ses sanglots la suffoquaient.

VII.

Notre-Dame-de-Bon-Secours. — Le bal sentimental ou incroyable.

La maladie de Régine fut longue; la pauvre enfant, qui avait une horreur instinctive de l'hôpital, s'était résignée à accepter les services de sa tante, cause première de tous ses maux. Pour subvenir aux besoins les plus pressants, on vendit quelques bagues, une montre, échappées, comme par miracle, aux regards de lynx de Lauricot ; ensuite on fit argent de la petite pendule et des flambeaux dorés qui garnissaient le dessus de cheminée ; puis enfin on s'en prit aux rideaux du lit, au linge, aux vêtements.

— Mon Dieu ! disait parfois l'infortunée jeune fille, faites-moi la grâce de m'appeler à vous !

— Ne dis donc pas des choses comme ça, ma fille ! s'écriait sa tante. Dieu de Dieu ! une jeunesse avoir de ces idées-là !... quand il ne tiendrait qu'à toi de te bien porter, et d'avoir des mille et des cents... Ah ! si je revenais à cet âge-là...

— Ma tante, je vous en prie, faites-moi grâce de vos exhortations. Ma vie est pour toujours désenchantée ; ma jeunesse, que vous vantez, est flétrie. Un homme avait tenté de me réhabiliter, et pour le récompenser de ce dévoûment, je l'ai réduit au désespoir; je l'ai forcé à aller chercher la mort loin de son pays, de sa famille, de tout ce qu'il aimait…. Malheureuse que je suis!…

— Ecoute, ma fille, tout ce que tu dis là, je le disais il y a maintenant trente ans…. Dam! je n'étais pas mal non plus à dix-huit ans, et l'on pourrait bien encore s'en apercevoir un peu, si j'avais un brin de toilette….

Régine alors s'enfonçait autant que possible dans son oreiller pour n'en pas entendre davantage. Les jours, cependant, s'écoulaient, de plus en plus tristes et décolorés; la misère et son hideux cortége s'avançaient à grands pas. Tous les menus meubles avaient été successivement vendus lorsque Régine entra en convalescence. Malgré les privations qu'imposait le dénument presque absolu de la tante et de la nièce, cette convalescence fut rapide, et la jeune fille eut enfin assez de force pour reprendre le travail ; mais ses plus pauvres vêtements avaient seuls échappé au naufrage, et ce fut sous cette livrée de misère qu'il lui fallut se présenter dans les magasins. On était alors au commencement de l'hiver, époque à laquelle les commandes étaient fort restreintes ; d'un autre côté, les marchands, pendant la longue maladie de Régine, avaient eu recours à d'autres ouvrières qu'ils jugeaient convenable de conserver, et la pauvre convalescente ne gagna plus que de quoi subvenir à ses plus impérieux besoins et à ceux de sa tante, qui l'avait gardée pendant sa maladie, et dont elle ne se sentait pas le courage de se séparer.

— Ah ! disait quelquefois Félicie en soupirant, si jeunesse savait et si vieillesse pouvait, nous ne serions pas si souvent obligées de nous contenter d'un morceau de pain.

— Vous voyez pourtant, ma tante, lui répondit un jour Régine, que je fais tous mes efforts pour améliorer notre situation.

— Et c'est justement ce qui me désespère : tu te tues à courir pendant deux ou trois jours pour trouver de l'ouvrage pour quelques heures. Ta santé revenait que ça faisait plaisir à voir ; tu étais bien encore un peu pâle ; mais tu reprenais de l'embonpoint : de jolies petites couleurs roses commençaient à se remontrer sur tes joues, et voilà que, grâce à ces gueux de fabricants, que le diable confonde, tout cela s'en va, au lieu de continuer à revenir.

— Et que puis-je donc faire à cela, mon Dieu !

— Ah ! voilà.... chacun a ses idées. Moi, tu le sais, je ne suis pas de ces bégueules qui croient qu'une jolie femme est perdue parce qu'elle a un protecteur....

— Ma tante, je vous en prie, ne me parlez jamais de cela.

— Mon Dieu, ma fille, ça n'est pas que je te pousse à mal faire..... mais enfin j'en ai connues de plus hupées qui... et puis toujours du pain sec, c'est un peu tanant. D'ailleurs, il me semble que tu dois savoir à quoi t'en tenir, et, Dieu merci, ce n'est pas moi qui suis cause de la chose..... Tu me diras que le jeune homme était un joli garçon, qu'il t'aimait, qu'il a eu des malheurs à cause de toi.

— Je ne vous dirai qu'une chose, ma tante, c'est que j'ai juré de lui être fidèle.

— Fameuse raison ! qui est-ce qui n'a

pas juré ça un peu plus, un peu moins?...
Moi, qui te parles....

— Assez, assez! je ne veux pas en entendre davantage.

— Eh bien soit ! mangeons du pain et buvons de l'eau, puisque cet ordinaire-là te convient. Je ne veux plus te dire qu'une chose, c'est que rien n'enlaidit une femme aussi vite que la misère. Tu t'en apercevras plus vite que tu ne penses; mais alors il ne sera plus temps; et à supposer que ton jeune homme revienne, quand il te retrouvera avec un teint de pain d'épice, les yeux creux, le menton pointu et la gorge plate, tu verras comment il pratiquera la fidélité, lui!... Ah ! c'est que ces gueux d'hommes sont tous taillés sur le même patron.

De tous les arguments de Félicie ce dernier était le plus puissant. Ni le travail, ni les privations n'effrayaient Régine; mais la pauvre petite ne pouvait supporter l'idée de devenir laide ; et la vieille ayant trouvé le côté faible, ne se lassait pas de revenir à la charge. Régine pleurait alors; elle consultait son miroir, et, la crainte aidant, elle se disait que sa tante, sur ce point, pourrait bien avoir raison.

L'hiver était des plus rudes, et il devenait chaque jour plus difficile à la jeune fille de pourvoir à sa subsistance et à celle de sa tante. Enfin, vers le milieu du mois de janvier, l'ouvrage manqua tout à fait. On vendit encore toute la partie du mobilier que l'on put soustraire à l'œil vigilant du portier. La situation de ces deux femmes était horrible. Un soir, elles étaient assises sur la misérable paillasse qui leur servait de lit. Félicie se tenait la tête baissée sur la poitrine et les mains cachées sous un lambeau de châle qui lui couvrait à peine les épaules. Régine pleurait. Depuis le matin, ni l'une ni l'autre n'avaient mangé ; elles étaient glacées. Le thermomètre marquait dix degrés au-dessous de zéro, et la nuit, pour ces infortunées, se présentait menaçante, terrible.

— Il faut donc mourir de faim et de froid ! dit enfin la vieille en soupirant.

— Ma tante, je vous en conjure, ne m'ôtez pas le peu de courage qui me reste !.. Demain je ferai de nouveaux efforts, et...

— Demain, Régine, nous serons mortes. Est-ce que tu ne sens pas, comme moi, que le froid te gagne le cœur ?... Mes pieds sont tellement engourdis qu'il me serait presque impossible de me tenir debout ; et tout à l'heure, pour te parler, il m'a fallu faire un violent effort, tant mes dents étaient serrées.... Il n'y a plus, pour nous, qu'un moyen de salut ; mais tu ne veux pas qu'on te parle de cela.

— Mais ce moyen serait lui-même tardif ; un protecteur comme vous l'entendez ne s'improvise pas, et de qui, d'ailleurs, pourrais-je attirer les regards avec ces misérables vêtements ?

— Ma Régine, si ce n'est que cela qui te retient, nous sommes sauvées !.... Des robes, des châles, des bijoux, quand on a ton joli visage, tes beaux yeux, on trouve cela partout ; à toute heure et au choix.

— Oui, quand on a trouvé un protecteur comme vous l'entendez.

— Au contraire ! c'est pour en chercher un que l'on peut se procurer cela à la minute. Tiens, nous mourons de faim, de froid ; on ne trouverait pas douze sous de tout ce qui me couvre, et ton costume ne vaut guère mieux que le mien ; eh bien ! dis un mot, dis que tu consens à me suivre, que tu renonces à cette grosse bêtise qu'on nomme *parfait amour*, que tu veux être belle, vivre de la vie des belles, ne plus te creuser les yeux ni gâter tes jolis doigts, et dans un quart d'heure tu seras mise comme une princesse, et moi comme une douairière de bonne maison... Et cette nuit, qui se présente si affreuse, nous la passerons au bal ! Nous manquons de pain, et dans deux heures on nous servira les meilleurs mets, les vins les plus fins ; nous n'avons pas une obole, et demain nous aurons de l'or...

Et disant toutes ces choses, Félicie s'animait ; il y avait dans sa voix, dans ses modulations une sorte d'éloquence entraînante, et puis, elle avait pour auxiliaires le froid, la faim, le désespoir... Que l'on me montre les vertus que ces grands vainqueurs ne puissent réduire !

— Ma tante, répondit Régine à demi-voix, et comme si elle eût craint de s'entendre proférer ses paroles qui lui enlevaient l'estime d'elle-même ; ma tante, je suis prête à vous suivre.

— Sauvées ! s'écria la vieille en s'élançant d'un bond jusqu'au milieu de la chambre. Viens, viens, mon enfant ; ne cherche rien, n'aie pas peur du froid... viens vite. Dieu ! comme je vais être heureuse de te voir belle et brillante !... Chère petite ! digne d'un palais ! et s'exposer à mourir dans un grenier !...

Elle s'empressa de gagner l'escalier, et la jeune fille la suivit, tremblante et refoulant dans son cœur les sentiments honnêtes qui l'avaient jusque-là retenue sur le bord de l'abîme vers lequel elle était poussée par la fatalité. Arrivée dans la rue, Félicie prit sa nièce sous le bras et l'entraîna rapidement vers le Palais-Royal, et jusqu'au numéro 116, dont le rez-de-chaussée était occupé par un bijoutier, le premier et le second par *la Valentin*, rivale de la Lévêque et des nymphes servant sous ses ordres. Au troisième demeurait une dame Philipaux, industrielle bien connue des nymphes sans emploi, des jeunes filles de bonne volonté, et des femmes galantes sur le retour, auxquelles elle rendait chaque jour d'immenses services, ce qui lui avait valu le surnom de Notre-Dame-de Bon-Secours. Ce fut à cet étage que Félicie s'arrêta ; elle tira discrètement le cordon d'une sonnette, et la porte s'ouvrit.

— Madame Philipaux, dit elle à la maîtresse du lieu qui était venue elle-même lui ouvrir, je vous présente ma nièce. C'est jeune, c'est timide, mais gentil à croquer. Mettez-moi ça dans une robe de soie et vous m'en direz des nouvelles. Il ne lui manque que de l'expérience; mais je guiderai ses pas jusqu'à ce qu'elle puisse marcher seule, ce qui ne tardera pas. Pour son début, je veux lui faire voir le *bal sentimental*; mais pour cela, comme vous voyez, nous avons besoin de Notre-Dame-de-Bon-Secours... Soyez tranquille, allez, les *choses* seront ménagées, et en supposant que nous ne vous les achetions pas demain, nous serons en état de vous en payer le loyer plutôt deux fois qu'une.

Madame Philipaux était une femme d'environ cinquante ans, de large carrure. Sa tête, dont la face figurait assez bien la pleine lune, n'était séparée de son tronc que par un cou court et musculeux dont les plis graisseux ondulaient jusque sur la poitrine. Cette femme prit Régine par la main, sans répondre à Félicie, et la conduisit dans une pièce bien éclairée. Là, Notre-Dame-de-Bon-Secours s'arma de lunettes, dont elle enfourcha son nez court et taillé en biseau, et attirant la jeune fille vers une des lampes qui éclairaient cette pièce, elle l'examina attentivement.

— Hum! hum! fit-elle, ça n'est pas trop mal... taillée un peu trop à l'enfant... Redressez les épaules, ma fille... faisons un peu jouer ces prunelles... et le sourire donc, ma chatte?... Le coup d'œil sans sourire, ma petite, c'est de la salade sans huile... Bien! à la bonne heure... Après ça, puisque Félicie sera là... pour le conseil s'entend, ça ne peut manquer de bien aller... Voyons, je vais vous donner ça dans le bon numéro : robe de lévantine noire, châle boiteux, chapeau rose à fleurs, collier, boucles et pendants d'oreilles assortis pour la petite. Toi, ma vieille, robe de taffetas gorge-pigeon, châle bourre-de-soie et chapeau noir... Ça vous coûtera quinze francs jusqu'à demain midi, et les accidents à part, bien entendu. Ça vous va, n'est-ce pas? Eh bien! pas accéléré! En attendant l'ouverture du bal, je vous conseille d'aller faire un tour au café Montansier (1). C'est tout nouveau, c'est en vogue. La petite Cécile n'en sort presque pas, et elle y fait ses orges, au point que depuis huit jours elle est dans ses meubles... C'est le père Buzenet qui a tout fourni. Je vous le recommande pour le temps où vous en serez là, et ce ne sera pas long.

A ces mots elle prit une lampe, ouvrit une porte, et elle introduisit Régine et sa

---

(1) La salle Montansier, aujourd'hui le Théâtre du Palais-Royal, après avoir été fermée pendant longtemps, fut métamorphosée en café en 1843. Le théâtre fut conservé, mais on n'y jouait point, l'autorité ne voulant pas le permettre.

tante dans une immense pièce, sur les murailles de laquelle se dessinaient en bosse de nombreux vêtements de femme. Sur un large guéridon, au milieu de cette pièce, étaient étalés pêle-mêle d'innombrables bijoux en cuivre doré, des diamants de verre, des perles soufflées, des pattes de lièvre, du rouge végétal, du blanc de céruse, de l'encre de Chine et du bleu d'indigo. Dans un coin, sur une sorte d'étagère, étaient rangés des souliers de toutes tailles, de tous cuirs, de toutes étoffes, depuis le veau ciré noir jusqu'au satin blanc ; tous plus ou moins frais, plus ou moins déformés. D'un coup d'œil la Philipaux trouva, au milieu de ce tohu-bohu, tout ce qui convenait à ses nouvelles pratiques. Le tout fut étalé sur plusieurs chaises.

— Allons, mes enfants, dit la grosse industrielle, du nerf à la chose ; je vous donne vingt minutes, pas un fichtre avec! *Débrouillez* vos couleurs comme vous l'entendrez.

Félicie n'avait pas besoin d'être stimulée; elle semblait avoir subitement recouvré toute l'ardeur de sa jeunesse.

— Mon Dieu! disait-elle, tout en serrant le lacet du corset de Régine, où est donc le temps où j'étais mignonne comme cela?... gaie, légère, heureuse... Non pas comme toi, ma chère petite, car, en vérité, tu fais une mine à porter le diable en terre; et si Notre-Dame-de-Bon-Secours s'en apercevait, nous pourrions bien retourner mourir sur notre paillasse.

Régine, effrayée par ces dernières paroles, s'efforça de paraître enjouée. La pauvre enfant se mentait à elle-même, ce qui est le plus hideux de tous les mensonges. La toilette se fit rapidement; les vingt minutes accordées par la maîtresse du lieu n'étaient pas expirées que la jeune fille et sa tante, parfaitement vêtues, traversaient le jardin pour se rendre au café Montansier. Arrivées dans ce lieu, elles se montrèrent d'abord au parterre, au foyer ; partout un murmure flatteur accompagnait la jeune fille.

— Attention! dit tout à coup Félicie à voix basse, attention, ma chère fille, nous sommes lorgnées par un gros monsieur décoré... Le voici qui vient par ici... Allons, du sourire, l'œil en coulisse... Pas trop, pas trop!... Mais, malheureuse, tu souris comme si tu avais envie de pleurer!...

— Ma tante, je n'en puis plus ; je me sens défaillir...

— Du courage, mon enfant, je t'en prie. Crois-tu que je ne souffre pas aussi, moi? J'ai l'estomac collé au dos, et depuis plus de deux heures mes boyaux crient de manière à se faire entendre d'une demi-lieue.

Il est onze heures moins un quart; dix minutes le bal sentimental sera ouvert, et j'espère qu'une fois là tous nos maux seront finis... Le monsieur te regarde attentivement... Mon Dieu! il ne tient qu'à toi que nous soyons à table avant une heure.

En effet, un monsieur d'un âge mûr, à l'air distingué, vêtu d'une ample redingote bleue, boutonnée jusqu'au collet, et ornée, à l'une des boutonnières, d'un ruban rouge noué négligemment, avait fait quelques pas vers les deux infortunées chercheuses d'aventures. Mais tout à coup l'air décent de Régine, qui, malgré ses efforts, ne pouvait parvenir à suivre les instructions de sa tante; cet air décent, mélancolique, ce charmant visage qui, sous les oripeaux de la débauche, respirait la douceur et la résignation, tout cela réuni frappa le monsieur d'un tel étonnement qu'il s'arrêta et parut hésiter.

— Ah! fit la tante, ton air de précieuse l'a repoussé... Nous ne souperons pas.

Cela fut dit avec tant d'angoisse, de regret, de douleur, que Régine en fut touchée jusqu'au fond de l'âme. Réunissant toute la force de volonté dont elle était capable, elle parvint à prendre un air riant et décidé. Ce changement de front parut si extraordinaire au monsieur, qu'il résolut de savoir à quoi s'en tenir, ne fût-ce que pour satisfaire sa curiosité. Il franchit donc les quelques pas qui le séparaient de ces deux femmes, et s'adressant à Félicie :

— Ces dames cherchent quelqu'un sans doute, dit-il; si je pouvais leur être utile...

— Grand merci, monsieur, répondit-elle avec une hésitation affectée; j'ai cédé aux instances de ma nièce qui mourait d'envie de visiter les curiosités du Palais-Royal;

il ne me reste plus qu'à lui faire connaître le café des Etrangers, et nous allons y souper.

Cette provocation à brûle-pourpoint parut si étrange au monsieur, cela contrastait si fort avec le voile de tristesse qu'il avait remarqué sur le visage de la jeune fille, et que ses efforts n'avaient pu entièrement faire disparaître, que la curiosité de ce personnage fut poussée au dernier point.

— Pardieu! mesdames, dit-il, le hasard me sert en enfant gâté : j'avais résolu précisément de passer dans ce lieu le reste de la soirée, et je m'estimerais fort heureux si vous me permettiez de vous y accompagner.

Régine baissa les yeux et n'osa répondre; mais sa tante était trop aguerrie pour ne pas saisir l'occasion aux cheveux.

— Quand nous refuserions, dit-elle en souriant, vous n'en seriez pas moins le maître de ne pas nous quitter : la voie publique vous appartient comme à nous, et tout le monde a le droit de se faire servir dans le lieu où nous nous rendons ; il vaut donc mieux faire les choses de bonne grâce... Régine, je te permets de prendre le bras de monsieur.

La pauvre enfant obéit, non sans trembler beaucoup, et tous trois arrivèrent bientôt dans cet établissement où se trouvaient réunis café, restaurant, bal, salon de jeu, etc., établissement connu, à cette époque, sous un nom impossible à écrire, que les débauchés du bon ton se contentaient d'appeler *le bal sentimental*, et que nous essaierons de décrire.

Dans la galerie du café de Foi, à peu de

distance de ce patriarche des cafés de Paris, une petite allée fort étroite, du côté de la galerie, une porte bâtarde, du côté de la rue basse, conduisant à un large escalier. Ces deux entrées, l'escalier sombre pendant le jour et la plus grande partie de la soirée, étaient tout à coup, vers onze heures du soir, inondés de lumière. Alors commençaient à se presser dans cet escalier des flots de jolies femmes, prêtresses de Vénus, desservant les temples nombreux élevés à cette déesse dans tous les environs; de brillants officiers, des jeunes gens aux folles allures, des vieillards poussés par la luxure et la passion du jeu; tout cela se précipitait vers le premier étage dans les immenses salons duquel se trouvaient réunies toutes les séductions capables d'égarer la raison et de dépraver le cœur. A l'entrée se trouvait une sorte de vestiaire où se déposaient les chapeaux, les cannes, les manteaux, les parapluies, etc.

En entrant dans les salons, on se trouvait tout à coup plongé dans une vapeur enivrante; tous les sens se trouvaient à la fois surexcités : en même temps que la vue était frappée des monceaux d'or qui circulaient incessamment sur les tapis verts, une musique voluptueuse se faisait entendre, et les nerfs olfactifs étaient agréablement affectés par l'odeur de mets délicieux; puis des cris de joie, des éclats de rire, des provocations ardentes et incessantes à tous les plaisirs des sens; et tout ce bruit, ce mouvement étaient cependant dominés par la voix lente des croupiers de jeu, annonçant le résultat de chaque coup, et par le bruit sec et métallique du râteau, attirant vers le centre l'or et l'argent des perdants.

— Allons, ma chère fille, soufflait Félicie dans l'oreille de sa nièce, du courage seulement encore pour un petit quart d'heure.

Après, quand nous aurons soupé, ça ira tout seul... tu verras, tu verras... je sais ce que c'est, va!

— Puisque vous venez ici pour souper, mesdames, dit le monsieur; allons nous mettre à table, vous aurez ensuite le choix des plaisirs, et j'espère que vous voudrez bien me permettre de partager ceux auxquels vous donnerez la préférence.

Régine ne put répondre; elle était presque défaillante, ce qui l'obligeait à s'appuyer assez fortement sur le bras de son protecteur improvisé. On arriva au restaurant; un souper des plus confortables fut commandé, servi avec une merveilleuse célérité. Les deux malheureuses femmes se donnèrent des peines inoïes pour dissimuler l'horrible faim qui, malgré elles, se montrait dans leurs regards, dans leur sourire, dans tous leurs mouvements. Félicie, grâce à sa longue expérience en pareille matière, se tenait fortement sur la défensive.

— Ma chère Régine, disait-elle, tout en dévorant avidement elle-même les mets qui lui étaient servis, songe, je t'en prie, à ton estomac qui est si faible... Mange peu, ma belle... arrose cela... Le liquide passe toujours plus facilement... Tu te réserves pour le champagne?... eh bien! soit, mais, dès à présent, je ne te permets plus que des entremets sucrés.

Le monsieur, cependant, faisait très bien les choses : le cynisme de la tante contrastait si fort avec la modestie, la timidité de la nièce, que sa curiosité était de plus en plus vivement excitée. Il voulait maintenant, à quelque prix que ce fût, savoir la vérité, et il agit en conséquence.

— Il n'est pas encore une heure, dit-il en se levant, après un dessert très prorongé; le bal n'est point fort animé; vous plaît-il, belles dames, de passer quelques instants autour de cette table verte?... Voyons, je commence : vingt francs au double zéro.

La pièce d'or qu'il lança sur le tapis fut placée par l'un des croupiers sur la chance indiquée, et presque au même instant le *tailleur* dit de sa voix lente et impassible :

— *Double zéro, noir, pair et passe!*

— Belles dames, dit le monsieur en poussant vers ses compagnes les trente-six pièces d'or qu'on venait de lui jeter, j'ai joué ce coup pour vous, à vous donc le produit.

Régine était immobile et comme frappée de stupeur; mais sa tante, qui était depuis de longues années à l'épreuve de pareilles émotions, ne se le fit pas répéter, et allongeant ses deux mains sur le tapis, elle attira à elle, par un mouvement saccadé et presque convulsif, cette fortune qui lui tombait du ciel... ou de l'enfer.

— Maintenant, mon enfant, dit-elle bien bas à Régine, je n'ai plus d'avis à te donner : reste maîtresse de toi-même et prends conseil des circonstances.

Et tandis que le monsieur tentait de nouveau la fortune, à l'aide de quelques autres pièces d'or tirées de sa bourse, Félicie se perdait dans la foule et disparaissait.

— Ma tante !... où est donc ma tante ? s'écria Régine lorsqu'elle s'aperçut de cette disparition.

— Calmez-vous, ma chère belle, dit le monsieur qui avait suivi de l'œil ce manège, et avait deviné une grande partie de la vérité ; calmez-vous, nous la retrouverons sûrement... dans la salle du bal, peut-être.

Et arrondissant l'un de ses bras autour de la taille de la jeune fille, il l'entraîna rapidement, et alla tout d'un temps se joindre aux intrépides walseurs qui tourbillonnaient avec une effrayante rapidité. Régine, déjà exaltée par le souper, par le vin généreux qu'elle avait bu après un long et cruel jeûne, partagea bien vite cette sorte d'enivrement qui naît du contact, de poses voluptueuses, lascives; son sang circula plus rapidement, son visage s'anima, ses yeux lancèrent des éclairs; la pauvre enfant était subitement arrivée de l'indifférence à une sorte de frénésie sans passer par la passion, sans savoir à quel sentiment, à quelle loi physique ou morale elle obéissait. A cette walse succédèrent des danses fantastiques, incroyables. Là semblaient être réunies toutes les plus belles filles *folles de leurs corps*, comme on les appelait au bon temps, tentatrices aux épaules et à la gorge nues, au regard provocateur, au sourire satanique, dont le corps souple, élastique, décrivait, tantôt avec une gracieuse mollesse, tantôt avec un emportement indicible, des courbes fabuleuses, les ellipses impossibles, auxquelles succédaient les pas, les gestes, les mouvements les plus désordonnés, les plus incroyables. C'était un air embrasé, une flamme ardente que l'on respirait en ce lieu ; c'était du vitriol qu'on avait dans les veines après y avoir passé quelques instans (1). Régine subissait dans toute sa

---

(1) Cet établissement, non seulement toléré, mais protégé par l'autorité, avait été créé sous le directoire ; il se maintint sous l'empire et pendant la restauration. Les jeunes gens imberbes n'y étaient point reçus, mais les portes en étaient ouvertes aux filles et aux femmes de tout âge. C'était le lupanar le plus monstrueux qui eût jamais existé.

portée cette terrible influence ; la malheureuse ne s'appartenait plus. Ce fut donc sans opposer la moindre résistance que, à partir de ce moment, elle se laissa conduire partout où il plut à l'homme qui l'accompagnait, et le lendemain, lorsqu'elle rentra dans son triste domicile où l'attendait sa tante, son abjection était complète.

VIII

Le Palais-Royal à la fin de l'empire. — Le nid d'une jolie femme. — Les Cent Jours.

On était arrivé aux plus mauvais jours de l'empire : 1814 commençait. Une partie de la France était envahie; on se battait à trente lieues de Paris. L'étoile du grand homme pâlissait; l'immense édifice élevé par sa main puissante se détraquait de toutes parts, et une dernière et terrible catastrophe était imminente. Mais rien de tout cela ne s'apercevait au Palais-Royal : les plaisirs, en ce lieu, étaient toujours aussi vifs, aussi nombreux; la foule s'y pressait aussi joyeuse, aussi ardente qu'aux jours de la plus haute prospérité. C'est qu'alors les jeunes hommes, incertains de l'avenir, s'empressaient de jouir du présent; le bruit du canon, qui s'entendait aux barrières, les engageait à se hâter de vivre. Tout ce qui portait l'uniforme montrait particulièrement un incroyable mépris de la vie : on voyait des nuées de jeunes officiers s'abattre sur cet oasis demeuré intact au milieu des ruines qui couvraient la France. Alors l'orgie prenait des proportions gigantesques : ces jeunes et braves fous vivaient pour vingt ans en une nuit, puis, vingt-quatre heures après, ils allaient se jeter gaîment sous le canon ennemi, et à ceux-là en succédaient d'autres. On se battait à Montmirail, à Bar-sur-Aube, à Fontainebleau, à Saint-Maur ; vingt mille Français tombaient chaque jour sous le feu des Russes, des Prussiens, des Autrichiens, des Saxons, des Anglais, etc., et le Palais-Royal ne changeait pas d'aspect ; ses légions de nymphes impures, loin de diminuer, grossissaient au contraire chaque jour ; l'or ruisselait sur les tapis verts avec autant d'abondance, et les maisons de plaisirs y étaient aussi nombreuses, aussi animées qu'aux jours où la France victorieuse faisait trembler l'Europe.

Régine avait d'abord beaucoup souffert ; le désespoir lui avait déchiré le cœur lorsque, revenue de l'enivrement de cette nuit dont les principaux événements ne lui apparaissaient plus que comme des songes lointains et affaiblis, elle put envisager l'abaissement dans lequel elle était tombée. Dans les premiers temps, elle avait souvent tenté de se relever; mais la main de fer de la fatalité l'avait toujours refoulée dans l'abîme où elle se débattait vainement.

Cependant l'aisance avait reparu au domicile de la jeune fille; aisance mêlée d'un désordre permanent que Félicie entretenait avec soin, de peur qu'un bien-être plus positif ne lui ravît tous les avantages de cette vie accidentée, excentrique qu'elle menait depuis plus de trente ans, et devenue maintenant nécessaire à ses instincts faussés, à ses sens obtus, usés par les excès de toute espèce. Toutes deux avaient quitté la mansarde d'Adrien pour prendre un logement plus confortable, situé dans la maison voisine du café Lemblin, deux étages au-dessus des salons des *Frères Provençaux*. C'était un petit appartement composé de cinq pièces dont une était exclusivement destinée à Félicie; les quatre autres étaient une antichambre dont on avait rentranché la moitié pour en faire une cuisine, une salle à manger, une chambre à coucher et un petit salon ; le tout assez coquettement meublé, mais sentant d'une lieue l'artiste ou la femme galante, les deux classes de la société qui aient le plus de vénération pour la poussière, les toiles d'araignées, les choses heurtées, les rapprochements bizarres, les accouplements impossibles. Ainsi c'était, dans les deux premières pièces, d'élégants chapeaux, des capotes de soie coiffant des bouteilles vides et des flambeaux graisseux, des souliers crottés sur une table à manger, un verre de cristal dont on avait fait un éteignoir, un châle de quelque prix remplaçant une vitre absente, et des croûtes de pâté moisies sur un cabaret de porcelaine de Sèvres. On voyait dans le salon des housses déchirées couvrant à demi d'élégants fauteuils tachés de vin, un canapé boiteux, une pendule sans aiguilles sous une cage de verre à demi-brisée, quelques cadres appendus contenant des gravures coloriées dans le goût de l'époque, telles que *l'Amour fait passer le Temps*, *le Temps fait passer l'Amour*, *Héro et Léandre* en regard d'une *Madeleine repentante*, et un énorme tire-bottes trônant sur une table à jeu. L'aspect de la chambre à coucher n'était pas moins étrange ; ainsi, de six heures à midi, une poëlon de terre, noirci par la flamme, et contenant un reste de café au lait, se prélassait sur une bergère de satin bleu entre les pieds de laquelle on pouvait apercevoir un vase de porcelaine ayant une destination diamétralement opposée. Quelques pipes admirablement culottées se jouaient sur une toilette parmi des flacons d'essences, des dentrifices, des cosmétiques de toutes sortes ; un groupe en albâtre représentant *Flore et Zéphyr*, portait en sautoir un ceinturon d'épée ou un col noir à passe-

poil blanc que surmontait un tricorne à
grains d'or ou d'argent, selon l'arme à laquelle
appartenait leur propriétaire; çà
et là, sur les meubles, une sabretache sur
une robe de gaz, un sabre accroché à
un patère en compagnie d'une couronne
de fleurs, et sur la cheminée gisaient pêle-
mêle des fragments de biscuits, des bouquets
fanés, des cheveux postiches, des
morceaux de sucre tachés de café, des rubans,
des épingles, des sous, des liards,
un reste de vin, des fragments de côtelettes,
de cornichons, des cerises à l'eau-
de-vie, etc.

Ce désorde était devenu pour Régine
une nécessité; la pauvre fille n'osant s'interroger,
cherchait à s'étourdir par tous
les moyens possibles; et elle allait passant
sans cesse d'un amour, d'une fantaisie...
ou plutôt d'une nécessité à une autre,
vivant dans une atmosphère embrasée

dont une pluie d'or augmentait les ardeurs.

De son côté, Félicie avait presque retrouvé ses beaux jours : lorsque son visage couperosé avait reçu quelques couches suffisantes de blanc, de rouge, de bleu pour dessiner les veines, d'encre de Chine sur les sourcils, les cils et les commissures des yeux ; qu'un chapeau noir doublé de soie rose jetait son reflet sur cet ensemble, et que ses mains sèches et ridées étaient emprisonnées dans d'étroits gants de chevreau, il lui arrivait encore d'attirer les regards et d'exciter la convoitise d'un débauché sur le retour, ou d'un adolescent poussé par le besoin d'apprendre. Quant à Régine, il faut bien le dire, dussent les moralistes nous reprocher d'être trop vrais, elle était toujours fraîche, rose et blanche, quand même. De temps à autre, le remords pénétrait dans son cœur, et quelques larmes roulaient encore sur ses joues au souvenir d'Adrien ; mais cela durait peu ; c'était un faible accès qui cédait à la moindre distraction.

Le 30 mars 1814, les Parisiens furent réveillés par le canon qui tonnait dans un rayon d'une lieue et demie autour de la capitale, et cependant, telle était la confiance des citadins dans le génie du chef de l'état, qu'ils furent à peine émus. Le Palais-Royal, particulièrement, demeura dans une quiétude parfaite, laquelle ne fut troublée un instant, vers cinq heures du soir, que par l'apparition d'une civière portée par deux hommes, et sur laquelle reposait un cadavre ; c'était celui du malheureux ventriloque Fitz-James, qui avait eu le malheur de prendre la garde nationale au sérieux, et qui avait été se faire tuer sous le murs, ou plutôt sous les palissades qui entouraient Paris. L'émotion fut peu vive d'ailleurs, et ce soir-là même, le

Palais-Royal était, comme toujours, resplendissant de lumières, et galvanisé par toutes les passions auxquelles le cœur de l'homme est accessible. Le lendemain, cent mille Russes, Cosaques, Baskirs, Prussiens, Saxons, inondaient les rues de Paris: les Palais-Royal fut encombré des officiers de cette armée de vingt peuples. Ce fut une nouvelle ère; plus que jamais ce lieu devint l'asile privilégié de la joie, des plaisirs; plus que jamais des flots d'or y roulèrent de toutes parts. Cela dura peu : à ces soldats au teint bruni par la fumée de la poudre, la poussière et le soleil, succédèrent des hommes aux formes surannées, à la désinvolture étrange, au langage d'un autre siècle ; sorte de revenants qui, sous le prétexte qu'ils avaient passé vingt-cinq années hors de la France, s'imaginaient qu'ils n'avaient plus qu'à s'y présenter pour en partager les richesses, et qui ne comprenaient pas qu'on pût leur refuser quelque chose.

— Mon enfant, disait Félicie à sa nièce, méfie-toi de ces individus qui portent de grosses épaulettes sur un habit à la française, et un chapeau rond sur des ailes de pigeon. Il n'y a rien à faire avec ces animaux moitié chien, moitié loup. La grande Modeste y a été prise trois fois, et la Picarde n'en veut plus, elle qui tirerait de la farine d'un sac à charbon. J'aimerais encore mieux te voir des officiers à la demi-solde; au moins, de ce côté-là, s'il n'y a pas de comptant, il y a de l'espoir, car tu sens bien, ma fille, que la chose de la politique ne peut pas rester sur ce pied-là.... Qui est-ce qui m'a bâti un gouvernement qui fait fermer les cafés le dimanche, et qui ne veut pas que de jolies filles qui n'ont que ça pour vivre, se promènent dans le jour... Sans compter qu'il est question de les renvoyer tout-à-fait du Palais-Royal, sous prétexte que c'est la propriété d'un prince du sang..... Voilà-t-il pas du propre !... Je vous demande un peu à quoi leurs galeries et leur jardin ressembleraient, s'il n'y avait plus là ces bonnes filles si gaies, si rieuses ?... C'est donc là leur récompense pour avoir sauvé la patrie en apprivoisant les Cosaques ?... Le Palais-Royal sans femmes aimables ! mais ça serait quelque chose de pire que les Catacombes..... Ainsi, crois-moi, Régine, ne va pas t'aviser de prendre du sentiment pour ces bêtes à deux poils, soldats par un bout, et pékins par un autre, car tout ce gâchis-là ne peut pas durer, et tu ne tarderais pas à en faire ton *mea culpa*.

Cette singulière prédiction ne devait pas tarder à s'accomplir : le 20 mars 1815 arriva ; les hommes aux ailes de pigeon s'envolèrent, et le Palais-Royal redevint ce qu'il avait été aux plus beaux jours de l'empire : les brillants uniformes reparurent, et le café Montansier offrit, dès ce jour, le spectacle le plus animé qu'on y eût vu jusqu'alors.

Un soir du mois de mai, Régine et sa tante étaient assises à la première galerie de cette salle, la jeune fille dégustant lentement une glace à la vanille, la vieille grignottant des macarons qu'elle arrosait de madère sec. Tout à coup un jeune officier s'élance d'un bond jusque sur le théâtre :

— Messieurs et mesdames, dit-il en s'avançant vers la rampe absente, moi et mes amis nous avons résolu de vous donner quelques échantillons de notre talent en fait de poésie nationale. A l'exemple des anciens bardes, nous chanterons nos vers nous-mêmes ; nous comptons sur vous pour les chœurs ; vous ne les savez pas, mais vous êtes trop bons Français pour ne pas les deviner.

Trois salves d'applaudissements répondirent à cette allocution ; puis le jeune officier, d'une voix mâle et bien timbrée, commença ainsi :

Croyez-vous que Louis puisse être
Roi d'une grande nation?

Le public en chœur.

Non, non, non, non, non, non, non!

L'officier.

Mais il pourrait fort bien peut-être
Gouverner un petit canton?

Chœur.

Non, non, non, non, non, non, non,

L'officier.

Alors que le diable l'entraîne
Au sombre palais de Pluton !

Chœur.

Bon, bon, bon, bon, bon, bon, bon,

L'officier.

Et chantons tous à perdre haleine
Vive le grand Napoléon.

Chœur.

Bon, bon, bon, bon, bon, bon, bon.

Cinq couplets de la même force succédèrent à celui-là et furent salués par d'innombrables applaudissements. Puis un vieux sergent, portant de larges balafres sur le visage et trois chevrons sur ses manches, succéda à l'officier, et d'une voix de tonnerre, sur l'air de *Mon père était pot*, il dit:

> Vous qui nous vantez ces Bourbons
> Nourris par l'Angleterre,
> Soyez tondus, tendres moutons,
> Quant à moi, sans mystère,
>   Je me f... du Roi,
>   Du comte d'Artois,
>   Et du duc d'Angoulême.
>   D'la duchess' aussi,
>   Du duc de Berry,
>   Et de ceux qui les aiment (1).

(1) Tout cela est rigoureusement historique, rien n'a été changé à ces couplets chantés à la salle Montansier (alors café) pendant les *Cent jours*.

L'enthousiasme était au comble, et les applaudissements continuaient, lorsque une sorte de crétin, aux yeux ternes, au visage anguleux, s'arrêta devant la table près de laquelle Régine et sa tante étaient assises.

— Mamzelle, fit-il d'une voix gutturale, che foudrais fous tire quelque jose.

— Jérésu! s'écria Félicie, va-t-en, oiseau de mauvaise augure.

— Au gondraire, au gondraire, madame Félicie, c'être de pon aucure..... à preufe, gue le mossié il m'affre tonné ein naboléon. Il être tans le chartin, le mossié..... Il être pien chentil... et rige! pien rige, pien rige! et il vous attendre doute te suite.

— C'est un prince étranger! s'écria Félicie en se levant et entraînant Régine, tu serais princesse... j'en ai toujours eu le pressentiment!

IX

Une fantaisie de prince.

C'était quelques instants avant le coucher du soleil; deux hommes se promenaient dans le jardin de l'Elysée-Bourbon, alors nommé Elysée-Napoléon. L'un, qui ne paraissait pas avoir plus de trente ans, parlait avec une sorte de vivacité, et en homme accoutumé à se faire obéir; l'autre, qui approchait de la cinquantaine, hasardait respectueusement quelques observations que son interlocuteur semblait goûter fort peu.

— C'est une fantaisie très innocente, disait le plus jeune, et n'ai-je pas à oublier d'assez vifs chagrins? Ces promenades faites incognito me plaisent par dessus toutes choses; et puis, j'aime ce lieu de plaisirs, et je veux le revoir... C'est une visite d'adieu que je vais lui faire.

— Mais si l'empereur apprenait.... Sa majesté est si bien servie...

— Bien servie?... peut être, mon ami... Mais ce n'est pas de cela qu'il s'agit. Dans une heure il fera nuit; arrange-toi pour qu'une voiture de place nous attende près de la place de la Révolution...

— Et puis, sire, vous savez que le Palais-

Royal ne nous est pas favorable; il vous souvient sans doute de cette soirée...

— Et c'est parce qu'il m'en souvient que je veux prendre ma revanche. Crains-tu que nous nous trouvions là en pays de connaissance? Mais c'est précisément ce que je désire et ce que j'espère, moi! Je serais enchanté, par exemple, de retrouver cette petite fille que j'avais si bien apprivoisée, après lui avoir fait si grand'peur. Encore une fois, c'est une fantaisie sans conséquence. Après tout, l'empereur ne prétend pas probablement me tenir en charte privée; et, d'ailleurs, excepté lui, toi, mon vieil ami, et quelques serviteurs fidèles, tout le monde ignore ma présence à Paris... Allons, allons, on ne sait pas ce qui peut arriver, et le plaisir est toujours bon à prendre. Je suis bien sûr que si mon ex-bibliothécaire me savait si près de lui et en pareilles dispositions, il ne se ferait pas prier pour prendre sa part du gâteau.

— Cela prouve, sire, que les gens qui ont le plus d'esprit ne sont pas toujours les plus sages.

Que le diable t'emporte toi et tes sentences ! Tiens, transigeons : si nous trouvons la petite, je te promets de ne pas chercher d'autres aventures : je l'emmène, je l'installe dans ce pied-à-terre que tu m'as fait meubler rue de Provence. C'est convenu, n'est ce pas ?

— Puisque votre majesté le veut absolument...

— Pars donc; sors par le jardin, et ne perds pas de temps; c'est le cas aujourd'hui de vivre vite.

Une heure après, les mêmes personnages, après avoir parcouru les galeries de bois, et lorgné sans succès toutes les gentilles marchandes de modes de ce lieu, traversaient le jardin, se dirigeant vers la salle Montansier. Déjà ils étaient arrivés sous le péristyle, près de la rue Beaujolais, lorsqu'un homme, qui rôdait entre les lourdes colonnes de cet endroit, sombre alors à toute heure du jour et de la nuit, s'approcha avec une sorte d'hésitation.

— Messiés, dit il à demi-voix, agetez-moi guelgue jose... j'affre de chelis bédits insdruments de noufelle infension...... et de chélis bédites lifres gontenant la manière de z'en zervir...

— Que diable nous veut cet homme? dit le plus jeune des deux chercheurs d'aventures.

Le drôle, répondit l'autre, veut nous vendre des choses sans nom et des livres de mauvais lieu.

— C'être pas mauvais, au gondraire... c'être pon bour la zanté... Che les fends à l'épreufe.

— Allons, laisse-nous ; ce n'est pas là ce que nous cherchons.

— Vous gerchez guelgue jose ?... drès pien ! che fais drouver dout te suite... Le Balais-Royal c'être mon bays à moi... Foulez-vous de chélis pédites... ou pien audre jose... che gonnaître tout ici...

— Eh bien ! voyons, drôle ; je vais mettre ton savoir à l'épreuve : Qu'est devenue une petite marchande, qui courait avec sa boîte dans les cafés, il y a trois ou quatre ans, et qu'on appelait Régine ?

Un sourire grimaça sur les lèvres minces de Jérésu, car c'était lui ; il comprit qu'il y avait quelque argent à tirer de ces personnages.

— Réchine, dit-il, c'être eine pien chélie bersonne... et moi che suis ein pauvre tiable... Le gommerce il fa pas di tout, et j'affre bas engore tiné...

— Prends ceci, interrompit le jeune homme en mettant une pièce d'or dans la main du juif, et hâte-toi de répondre plus clairement.

Jérésu fit sonner la pièce entre ses dents pour s'assurer qu'elle était de bon aloi, et deux petits rayons jaillissant de ses yeux de chat, illuminèrent son visage bistré.

— Glairement, messié! drès glairement... C'être bas tifficile, et si le gommerce il allait..., Mais che suis ein pauvre tiable !

— Je crois que l'animal se moque de nous!... Parle, ou je t'assomme.

Jérésu se baissa et glissa la pièce d'or dans son soulier de peur que l'on tentât de la lui reprendre, puis il dit en se relevant et indiquant du doigt le café Montansier :

— Là, Messié,... là, aux bremières loches.

Le plus jeune des deux personnages fit un mouvement pour s'élancer vers l'entrée du café, mais son compagnon le retint.

Y pensez-vous, sire ? lui dit-il à demi-voix. Il y a peut-être là vingt officiers qui ont servi sous vos ordres ; vos serez infailliblement reconnu.

Jérésu ne perdit pas un mot de cette allocution. A ces mot *Sire* ses oreilles s'étaient dressées comme celles d'un renard aux aguets, et cependant il feignait de s'éloigner comme s'il n'eût rien compris à cette exclamation, lorsque le jeune homme l'arrêta par le bras.

— Puisque tu sais où elle est, lui dit-il, va la trouver, et arrange-toi de manière à l'amener là, sous les arbres... Vingt autres francs si tu réussis ; des coups de canne si tu échoues.

Cette fois, le juif ne se le fit pas répéter, et nous avons vu comment Félicie l'accueillit. Tous trois arrivèrent bientôt dans le jardin. Jérésu reçut la récompense promise, et il se perdit dans l'ombre.

Le roi ! dit Régine en se laissant entraîner vers la partie la moins éclairée du jardin, j'en avais le pressentiment !

— Un roi !... un vrai roi ! disait Félicie en suivant sa nièce de près ; c'est donc bien vrai que le bon temps est revenu tout à fait !

— Silence ! fit le compagnon du prince; que jamais un mot de cette aventure ne sorte de votre bouche, ou vous pourriez payer bien cher votre indiscrétion.

— Vous vous souvenez donc de moi, ma toute belle? demanda le plus jeune des deux personnages à la jeune fille lorsqu'ils furent suffisamment à l'abri des oreilles indiscrètes.

— Ah! Monsieur... le roi... votre majesté... est-ce qu'on peut oublier ces choses-là?

— Et vous voulez bien que nous renouvelions connaissance?

— Oh! mais... fit Régine en hésitant, il ne faudrait pas faire de folies... Vous devez vous souvenir...

— Je ne veux me rappeler que de votre gentillesse; et pour vous ôter toute espèce de crainte, ce sera chez vous que nous souperons... bien sagement.

— Chez moi... c'est que... votre...

— Chez vous, c'est-à-dire dans le domicile que je vous destine... vous quitterez l'autre pour vous installer dans celui-ci... où vous ne recevrez que moi...

— Ah! sire...

— Pas de *sire*, pas de *majesté*, jamais, en aucun temps.

— Eh bien!... monsieur le roi... je ferai tout ce que vous voudrez, et je serai bien heureuse!

— Je crois que l'on nous espionne, dit l'autre personnage en se rapprochant des deux premiers interlocuteurs; il me semble avoir vu un homme ramper le long de ces treillages.

Il en sera pour ses frais, dit le prince, car nous ne resterons pas davantage ici; partons.

Ils commencèrent tous quatre à marcher rapidement, et ils arrivèrent bientôt près du Théâtre-Français, où stationnait une simple voiture de place dans laquelle ils montèrent.

—Rue de Provence! cria le jeune homme au cocher.

— Il ouplie te tire le numéro, fit tout bas Jérésu en sortant de derrière une borne où il se tenait accroupi depuis quelques secondes; mais c'êdre égal; che fais le zafoir tout te même.

Et au moment où le cocher fouettait ses chevaux, il s'élança derrière le fiacre qui l'emporta.

Dix minutes après, la voiture s'arrêta devant l'une des plus belles maisons de la rue de Provence. Nos quatre personnages mirent à pied à terre ; la porte s'ouvrit : le concierge, sur un mot du monsieur âgé, fit entendre un long coup de sifflet, et presque aussitôt un domestique sans livrée descendit du premier étage, et s'avança respectueusement un flambeau à la main. Bientôt Régine et sa tante furent introduites dans un charmant appartement dont le prince fit traverser toutes les pièces à la jeune fille pour la conduire jusqu'à un délicieux boudoir tendu de satin bleu avec des abeilles d'or, et faiblement éclairé par des lampes d'opale en forme de cassolettes posées sur des trépieds d'argent d'un admirable travail.

Félicie était restée dans le salon dont elle admirait la tenture, les tapis, les tableaux, pendant que le monsieur qui l'avait accompagnée donnait des ordres au domestique.

— Un roi pour de vrai! se disait-elle de temps en temps, quelle chance! Ah! si j'avais eu ce bonheur dans ma jeunesse!... Je n'ai plus qu'une crainte, c'est que Régine ne sache pas mener sa barque... Cette enfant-là a des idées singulières!... Et puis, c'est un peu drôle qu'on ne voie qu'un domestique dans un si bel appartement... Après ça, il est certain qu'une majesté qui va en partie fine n'a pas besoin ni de tambours, ni de trompettes... c'est surtout dans ce cas-là qu'on n'est bien servi que par soi-même.

Elle fut interrompue dans ses réflexions par le monsieur qui l'avait accompagnée, et qui l'invita à passer dans la salle à manger, où se trouva servi, comme par enchantement, le souper le plus galant qui se puisse imaginer. Régine et le prince parurent presque en même temps ; les yeux de la jeune fille étaient humides de plaisir, tous ses traits respiraient le bonheur.

Cependant Jérésu n'avait pas lâché prise ; il rôdait dans la rue de Provence, ne perdant pas de vue le fiacre, non plus que la maison devant laquelle il était arrêté. Vers deux heures du matin, il remarqua qu'il se faisait un certain mouvement de lumières sur plusieurs des fenêtres du premier étage. Il se rapprocha, et bientôt il vit sortir les deux personnages suivis d'un troisième qu'à sa marche respectueuse il jugea être un domestique, bien qu'il prît place dans la voiture avec les deux autres. Le juif se cramponna de nouveau derrière le fiacre qui partit, roula pendant un quart-d'heure, et s'arrêta aux Champs-Elysées, à l'entrée de l'allée Marigny. Jérésu s'élançant à terre, alla se cacher derrière un arbre ; puis, comme le jour commençait à poindre, il suivit du regard les trois personnages qu'il vit entrer à l'Elysée-Napoléon.

— Pon! pon! se disait-il à demi-voix en se frottant les mains et sondant alternativement les profondeurs de ses poches pour s'assurer de la présence des deux pièces d'or, c'être te la ponne oufrage bour messié le gomte. A brésent ché buis m'aller goucher, la chournée il affre édé assez longue.

Et cette créature hideuse et malfaisante se retira dans son bouge pour y attendre que la nuit lui permît de reprendre l'exercice des honteuses industries qui la faisaient vivre.

X.

Trahison. — Une prise d'assaut.

La scène est maintenant dans un hôtel du faubourg Saint-Germain, deux heures après le coucher du soleil. Un homme de moyenne taille, au front large, que surplombaient des yeux ardents ombragés par d'épais sourcils croisés, et auquel un nez pointu et le bas du visage mince et allongé, donnaient un air de finesse et de ruse inexprimables, cet homme se promenait lentement dans l'une des pièces les plus retirées de l'hôtel. Il paraissait enseveli dans de profondes méditations, ce qui n'empêchait pas qu'il ne jetât de temps en temps les yeux sur la pendule placée au milieu de la cheminée, comme s'il eût été dans l'attente de quelque grave événement.

— C'est mon opinion, disait-il en se frappant le front, et j'y persiste plus que jamais ; tout cela n'est que le résultat d'un mouvement militaire, d'une conspiration de caserne dans de grandes proportions. Cela n'a point de racines : l'intimidation peut contenir, mais elle ne féconde point. Le colosse est toujours de bronze, mais il a des pieds d'argile... Plus tard tous ces étourneaux qui paraissent si impatients de se brûler les ailes, m'accuseront de trahison, les sots! qui s'attachent aux mots, et n'envisagent les choses que sous le point de vue le plus borné et le plus faux à la fois.... Ces gens-là se croient des héros hauts de cinquante coudées, quand ils ont hurlé le mot *patrie*! Patrie, sots! qu'est-ce que cela? Il y a quelques mois, cela voulait dire la France, les deux tiers de l'Italie, la Belgique, la Hollande, alors que la France se composait de cent vingt départements, que Rome était la deuxième ville de l'empire, et qu'Amsterdam en était la troisième... Aujourd'hui, cela a diminué de moitié... Ah! grands enfants que vous êtes, votre patrie est bien élastique!... quoi qu'en puissent dire aujourd'hui les cerveaux brûlés, la France est à Gand!... C'est pour la France de Gand que je travaille, et l'avenir prouvera que la raison est de mon côté.

Il marcha encore pendant quelques minutes sans articuler un mot, puis jetant, pour la centième fois les yeux sur la pendule :

— Bientôt neuf heures! dit-il, et je suis encore seul!...

En ce moment, un domestique parut, s'inclina sans prononcer un mot, et sur un digne du maître, il introduisit deux personnes derrière lesquelles Jérésu entra presque en rampant.

— Eh bien! dit le maître, il paraît que ces terribles bonapartistes, ces invincibles sabreurs commencent à n'être plus aussi sûrs d'eux-mêmes que dans les premiers jours : on se donne beaucoup de mouvement aux Tuileries : Bonaparte cherche à s'entourer de tous les membres de sa famille, ce qui semble prouver qu'il se défie un peu de ses amis. Lucien, le prince de Canino, est arrivé depuis plusieurs jours, et j'ai certaines raisons pour croire qu'un autre membre non moins important de la famille est caché dans quelque coin de Paris, où il garde, par ordre suprême, le plus strict incognito. De toutes parts se montrent des symptômes d'opposition formidables... Le roi compte sur notre zèle, messieurs : à mesure que l'échafaudage de l'insurrection se détraque, les royalistes se fortifient; mais il ne faut pas que ces succès, en quelque sorte préliminaires, nous éblouissent; et, par malheur, il me semble que votre zèle diminue : la prétendue famille impériale est mal observée; presque tous ses membres ont échappé à vos investigations.

— C'est qu'aussi, monsieur le comte, répondit celui des trois personnages qui était entré le premier, nous avons de bien graves préoccupations : la police impériale déploie une activité qui nous oblige à faire face de dix côtés à la fois...

— Ah! Flotras, interrompit le monsieur qu'on appelait M. le comte, je vous croyais plus fort que cela!... Comment, vous croyez à une *police impériale?*...Vous n'avez pas encore deviné que *la chose* qui porte ce nom est à nous!... Oh! mais c'est aussi par trop de candeur! Je ne m'étonne plus que tant de choses nous échappent, et qu'un ex-roi, par exemple...

— Celui-là il affre bas éjabé à moi, messié le gomte, dit Jérésu en se faisant jour à travers les deux personnages qui l'avaient précédé.

— Toi! mon basset, s'écria le comte en souriant, tu aurais mis le nez sur la voie?... Ne faites pas les dédaigneux, messieurs; ce scorpion-là a piqué plus d'un talon rouge de nouvelle fabrique. Voyons donc quelle nouvelle lumière nous promet ce flambeau d'Israël...Allons, parle, maître escogriffe.

— Ah! mossié le gonte, c'hêtre bas ein escogriffe di dout; c'hêtre ein paufre tiable.

— Bon! bon, faites-nous grâce du protocole, nous savons ce que cela veut dire.

Ça fouloir dire, mossié le gomte, gué le commerce il fa pas di tout, di tout!... Ah! si le gommerce il allait... Et engore guand il fa, les fabrigants ils nous édranglent... sous brédexte gu'ils gourent tes tangers en fabriguant de la marjandize brohipée!

— Que le diable t'emporte, pourceau! Est-ce pour avoir occasion de nous débiter ces balivernes que tu te poses en homme capable?

I. 15

— Che me bose bas, mossié le gomte; mais c'hêtre peut-être gabaple tout te même, à preufe, que che peux fous tire que le bédite roi en guestion, il être à l'Elysée *Naboléon*...

— Bourbon, drôle!

— Pourpon, c'est chuste... c'est gue ça jange si souvent.

— Et comment diable as-tu pénétré en ce lieu?

— J'affre bas bénétré; mais le roi il être sorti et il être fenu au Balais-Royal où che fends des bétites instruments pour la zanté...

— Oh! la bonne plaisanterie! il t'en a acheté peut-être?

— Non, mossié le gomte... parce gue

le gommerce, il fa bas di tout... Et che suis ein baufre tiable.

— C'est compris ; tu veux de l'argent ; eh bien ! parle, et l'on t'en donnera...

Cela commença à délier la langue à Jérésu, qui raconta qu'après avoir reconnu le prince au Palais-Royal, il l'avait épié, était grimpé derrière la voiture, et avait enfin vu entrer cet important personnage à l'Elysée Bourbon. Il eut soin d'arranger son récit, et de grossir les choses, afin de se donner le plus d'importance possible ; mais il ne dit pas un mot de la rue de Provence, afin de pouvoir revenir là-dessus, et de tirer ainsi deux moutures du même sac.

—Très bien! très bien ! s'écria le comte. Messieurs, il ne faut pas que ce personnage soit perdu de vue un instant. Le dénouement ne peut se faire attendre bien longtemps, et lorsque l'heure sera venue, il sera bon de savoir où mettre la main.

— Oh! fit Jérésu, che zaurai pien où mèdre les miens; mais, en attendant, che zuis ein baufre...

Le comte l'interrompit en lui jetant quelques écus, et en lui montrant la porte par laquelle il était entré.

La joie de Régine et de sa tante avait été bien vive; mais elle devait être de courte durée; en un mois, le prince ne fit à la rue de Provence que deux visites. Il est vrai que chaque fois, il avait laissé un rouleau d'or sur la cheminée de la chambre à coucher, et que de plus, il avait fait à la jeune fille, l'abandon de ce qu'il appelait son *pied à terre*, délicieux appartement destiné à ses plaisirs, pour lequel le garde-meuble impérial avait été largement mis à contribution. Mais l'ennui se montrait sous toutes les formes au milieu de ce somptueux mobilier. Régine, depuis qu'elle se croyait la maîtresse d'un roi, avait pris une femme de chambre, une cuisinière; sa manière de vivre était devenue régulière, et elle avait fait vendre le mobilier de son petit appartement de la maison des Frères Provençaux, contre l'avis de sa tante qui pensait qu'en pareil cas, ce n'était pas trop d'avoir deux cordes à son arc.

— Ma foi, disait la vieille Félicie, le proverbe a raison, *il n'y a pas de belle cage.*

Tout ça c'est beau, c'est riche; mais c'est toujours la même chose. Ça ne vaudra jamais les soirées du Palais-Royal.

— Mais, ma tante, faisait observer Régine, il faut bien songer à faire une fin.

— Une fin, jour de Dieu!... Tu n'as pas

encore dix-neuf ans, et tu songes à faire une fin!... Comme si le commencement n'était pas toujours le meilleur!... Quant à moi, je te déclare que j'aimerais autant la mansarde de la cour des Fontaines ou celle du passage Radziville que toutes ces belles pièces où il faut rester à bâiller en songeant à toutes les jolies petites parties que...

— Oh! ne me tentez pas, je vous prie! Ne sentez-vous pas que je dois être observée? Pour moi, je n'en doute pas : on épie ma conduite ; je ne sors guère sans être suivie, je m'en suis aperçue, et j'ai la certitude qu'une démarche hasardée peut compromettre mon avenir... Ma tante, souvenez-vous d'Adrien, et ne me poussez pas de nouveau dans la mauvaise route.

— Tu es bien la maîtresse de tes actions. Dirait-on pas que c'est moi qui t'ai perdue?

Dieu merci, ma mignonne, ce n'est pas à moi que tu as demandé conseil pour...

— Mon Dieu! il ne manquait plus que ces reproches!...

— Allons, voyons, ma fille, ne te désole pas comme ça pour des bêtises : le fait est, après tout, que la prison n'est pas trop dure ; et si le prince venait plus souvent .. avec ce gros gris qui m'a serré la main... C'est qu'il est bien conservé, au moins, ce gros-là!...

Et la vieille fille s'efforçait de ronger son frein.

Le temps s'écoulait ; Waterloo vint détruire les espérances des partisans de Napoléon. Vinrent ensuite successivement la proclamation de Napoléon II, la capitulation de Paris et le reste.

Louis XVIII était de retour aux Tuileries; sa maison militaire était encore ce que l'avait faite l'ordonnance du 23 mai 1814, laquelle débutait ainsi :

« De par le roi, Louis, par la grâce de Dieu, roi de France et de Navarre, etc.

« Considérant que le trône doit être environné de splendeur, avons ordonné et ordonnons, etc. »

Suivait une série d'articles qui décrétaient la création de six compagnies de gardes-du-corps, des chevau-légers, des mousquetaires, des gardes de la porte, des cent-suisses ou gardes-du-corps à pied, etc., etc.

Dans le principe, on n'avait pas été fort scrupuleux touchant la moralité du personnel de ces brillantes compagnies; beaucoup de gens y avaient été admis qui n'avaient d'autre mérite que d'avoir crié bien haut : *Vive le roi!* C'était quelque chose de très mêlé que cette maison militaire ; quelques frêles rejetons des plus illustres familles de France y étaient coudoyés par des croquants auxquels on eût fait beaucoup trop d'honneur en les prenant pour des cadets de Gascogne ; de braves soldats, auxquels la paix était venue enlever tout espoir d'avancement, s'y trouvaient sur la même ligne que des *bravi* qui avaient fait toutes leurs campagnes sur le pavé de Paris. Une faible partie de cette maison militaire avait suivi le roi à Gand ; le reste s'était tenu à l'ombre, attendant que quelque événement décisif leur permît de prendre une résolution sans se compromettre. Il en résulta ceci, c'est que Louis XVIII, parti de Gand avec l'arrière-garde des armées ennemies, se trouva d'abord environné d'un fort petit nombre de ces messieurs de sa maison ; mais à mesure qu'il avançait vers le centre de la France, ce nombre grossissait. A vingt lieues de Paris, les compagnies se trouvèrent presque au complet; en entrant dans la capitale, elles étaient plus que complètes. Les gardes qui revenaient de Gand étaient, en général, calmes, graves, tolérants comme de braves gens qui ont pu se tromper; mais qui ont cru obéir à leur conscience, à la voix de l'honneur, et qui trouvent tout naturel qu'il y ait dans les rangs de leurs ennemis ou de leurs adversaires d'autres gens non moins braves et non moins loyaux qu'eux. Les autres, au contraire, étaient quelque chose comme des tapageurs d'estaminet, des gens avides de bruit, d'éclat, de fumée, courant au-devant des applaudissements de la multitude, et qui, avant de mettre l'épée hors du fourreau, ont l'air de crier au monde entier : *Regarde-moi!*

Ces derniers, ainsi que nous l'avons dit,

étaient les plus nombreux. Or, dans cette belle France, il est convenu que le nombre fait la force et que la force fait la loi ; toutes nos lois sont des lois de nombre, ou, si vous l'aimez mieux, de *majorité*; de par la charte, la raison n'a rien à y voir ; c'est avec l'arithmétique et par l'arithmétique qu'on arrive à tout... N'allez pas, je vous prie, prendre cela pour de la politique, ce n'est que du calcul : de nos jours, Pythagore eût été empereur d'Europe et autres lieux.

Il résulta de tout cela que ces casseurs d'assiettes qui s'étaient tenus à l'écart pendant quatre-vingt-dix-neuf jours, trouvèrent non-seulement naturel, mais même indispensable de se montrer le centième. En conséquence, ils se donnèrent rendez-vous au Palais-Royal, près du rond-point où est aujourd'hui le bassin.

— Messieurs, s'écria l'orateur de la

troupe lorsqu'elle fut assez compacte pour que le succès de l'expédition ne pût être douteux, les Bonapartistes nous ont insultés! nous ont chansonnés!... Ils ont osé dire qu'ils nous auraient battus à Waterloo si nous y avions été... Je propose de leur donner une leçon sévère!... Nous pourrions les aller trouver au café Lemblin où ils sont toujours en grand nombre; mais ce café est ouvert, et l'on pourrait nous accuser d'avoir reculé devant la difficulté. Le café Montansier, au contraire, est fermé (1); eh bien! c'est à travers ses murailles qu'il nous faut faire jour!... En avant donc! vive le roi!... à bas l'ogre de Corse!...

Il faut peu de chose pour monter la tête à de jeunes fous; ces cris furent mille

(1) L'autorité avait en effet jugé convenable de faire fermer cet établssement afin d'éviter une collision imminente.

fois répétés, et la colonne s'ébranlant, alla se ruer sur les portes de la salle Montansier, qui furent brisées en un instant. Les assaillants pénétrèrent de toutes parts dans la place, que personne ne défendait, et à défaut d'ennemis, ils s'en prirent aux meubles : tables, lustres, comptoirs, glaces volèrent en éclats sous les lames des sabres, et ce qui ne pouvait être brisé était lancé dans le jardin, par les fenêtres littéralement hachées.

Tandis que ces furieux faisaient justice, l'arme au poing, des glaces innocentes et des paisibles banquettes, une nuée d'individus à la figure sinistre, de ces gens qu'on est sûr de retrouver dans les émeutes, quel qu'en soit le motif, dans les troubles de toute espèce, cette force latente, permanente, horrible, que Dieu laisse vivre pour nous aider à comprendre les distances; une nuée de ces misérables, dis-je, profitant de la brèche ouverte, fit irruption dans l'appartement du maître de la maison, appartement qu'ils traitèrent un peu plus mal encore que le café ne l'était par les gardes-du-corps. Ces derniers jetaient les meubles par les fenêtres; la tourbe qui était entrée après eux, mettait dans ses poches tout ce qui pouvait y entrer (1).

— Ferme sur la chanterelle ! criait un homme qui semblait commander à ces bandits; le point de ralliement est chez Bichonnet, à la grande cave de la rue Quiberon... (2). On *revidera* (3), et gare aux

---

(1) Tout cela est de la plus rigoureuse exactitude; on peut s'en assurer en consultant les journaux du temps.

(2) Aujourd'hui rue Montpensier.

(3) *Revider*, en langage de banquistes, de revandeurs, d'enchérisseurs aux ventes, veut dire réunir tout le butin fait sur l'ennemi, et le partager ensuite par parties égales. Par malheur, l'*ennemi* c'est le *volé*.

effaroucheurs ! (Complices de mauvaise foi). L'homme qui parlait ainsi était Pichelet.

Le pillage dura encore quelque temps; puis une heure après le départ des gardes-du-corps, les voleurs, à qui ils avaient fait si beau jeu, se retirèrent chargés comme des mulets, sans que l'autorité s'en émût où tentât d'inquiéter leur retraite. Jérésu n'avait pas manqué de se glisser parmi ces bandits, et comme il connaissait les êtres, il avait fait un riche butin qu'il ne se souciait pas de partager avec les moins habiles ou avec les moins heureux; aussi, à peine hors de la maison livrée au pillage, commençait-il à tourner le dos au lieu du rendez-vous indiqué par Pichelet, lorsque ce dernier le saisit au collet en s'écriant :

— Halte-là ! je t'ai vu mettre la main sur l'argenterie ; montre-nous ça.

— C'haffre pas d'archenterie, messié Pichelet ; c'haffre que guelgues pédites choses.

— Qu'est-ce que c'est ?... tu oses te rébeller contre ton maître !... Qu'on me dépouille ce roquet avorté ! Je le mets hors la loi ; il n'aura rien !

Dix bras se tendirent aussitôt vers Jérésu ; le rusé coquin se jeta sur les genoux, renversa les plus forts en leur passant entre les jambes, et rampant comme une vipère, il allait peut-être parvenir à s'échapper lorsque Pichelet le saisit de nouveau et le lança sur les dalles où il le maintint avec son pied. Un quart-d'heure après, Jérésu, meurtri, dépouillé, mais furieux, animé d'un ardent désir de vengeance, se dirigeait vers la préfecture de police.

—Dant bire! dant bire! disait-il en mar-

chant de toute la vitesse de ses longs pieds,
les pons ils bayeront bour les mauvais...
Heureusement que j'affre des brodecteurs,
et de ponnes bédites affaires que c'haffre
mis en rézerve. Ah! ah! nous allons foir!

XI.

Les serviteurs de la bonne cause. — Une expédition de la police.

Dès les premiers jours de la deuxième restauration, la police politique prit une extension immense; on enrôlait les agents par centaines, aussi les conspirations commencèrent-elles à pleuvoir dru comme grêle : il y eut la conspiration de l'aigle, celle de l'épingle noire, celle des vieux patriotes, celle des jeunes patriotes, celle des cannes Germanicus, celle de la violette, celle des œillets rouges, etc., etc.

Le Palais-Royal, rendez-vous des officiers à demi-solde qui se trouvaient à Paris, était particulièrement l'objet d'une surveillance très active ; en conséquence, les agents qui connaissaient bien ce lieu jouissaient près de leurs patrons d'une certaine considération. Jérésu était donc considéré à la cour de la rue de Jérusalem, et ce fut vers ce lieu qu'il se dirigea en songeant au moyen de réparer le déficit causé à ses poches par l'intègre Pichelet. Ce moyen était d'autant plus facile à trouver, qu'à l'exemple des hommes de quelque capacité, Jérésu ne disait jamais jusqu'à son dernier mot ; il avait la conscience... c'est-à-dire la mémoire abondamment garnie de toutes sortes de restrictions ; ses réserves étaient là rangées par catégories et par ordre de date, de telle sorte qu'il y pouvait puiser en tout temps, et à tout événement, le pour et le contre se trouvant casés chacun en son lieu et en disponibilité.

Arrivé sous la voûte de la rue de Nazareth, le rusé mécréant s'arrêta afin de repasser son thème ; il souriait tout en agençant les diverses parties du récit qu'il voulait faire ; ses longs pieds plats frappaient le pavé en signe de satisfaction, et ses mains sèches se crispaient dans ses poches vides.

Après un temps d'arrêt de quelques minutes, le rusé personnage obliqua à droite, franchit le seuil de la porte, et traversant la cour, s'avança vers une porte vitrée faisant face à l'entrée principale ; ayant poussé cette porte, il traversa une salle basse, faisant à droite et à gauche un signe d'intelligence aux cinq ou six individus qui s'y promenaient de long en large, les regards fixés sur un faisceau de sonnettes, et, arrivé au pied d'un escalier sombre, il s'élança avec l'agilité d'un chat jusqu'au premier étage ; là, il gratta à une porte qui s'ouvrit aussitôt.

— Ah ! ah ! s'écria un personnage de haute taille, le visage encadré dans un collier de barbe noire, et la boutonnière ornée d'un ruban rouge, c'est notre sapajou de la Forêt-Noire (1)... Avance ici, maraud ! Tu as fait tes orges aujourd'hui, j'espère... Sais-tu bien, mon drôle, que tu as joué là un rôle à te faire mettre du plomb dans la tête ?

— J'affre bas fait des orches, messié Flotras, dit Jérésu en baissant les yeux

(1) On appelait Forêt-Noire, au Palais-Royal, les sombres galeries pui avoisinaient le Théâtre-Français. Dans les quelques boutiques dont ces galeries étaient garnies, les lampes brûlaient le jour comme la nuit. Là rôdaient constamment des misérables de l'espèce de Jérésu.

d'un air contrit et comme s'il se fût efforcé de retenir ses larmes, che suis endré tans la salle Mondansier bour le pon motif...

— Oui! et pour récolter quelques bonnes bouteilles... Mais c'était en pays ennemi ; on te le pardonne.

— Merzi, merzi, messié Flotras... J'affre bas regolté de pouteilles di tout, mais audre chose... tes bons goups de bieds, tes bons goups de boings... Che suis bresgue mort... bresgue dout à fait mort!... che fas aller à l'hôbidal... Mais avant che feux rentre ein ternier zervice à la ponne gause.

— Diable! mais c'est très beau ce que tu fais là, Jerésu! Parle, mon ami, parle, et si cela en vaut la peine, au lieu de te laisser aller à l'hôpital, nous te ferons traiter chez toi.

— C'est gue... messié Flotras...

— Quoi donc?

— Chaimerais mieux autre jose...

— Eh bien! parle donc, animal!

— Voizi la jose : l'embéreur... ah! bardon! bardon! l'uzurbadeur il affre des frères et des sœurs, n'est-ce pas?

— Belle nouvelle!

— Pon, pon! la nouvelle il être bas là ; l'uzurbadeur il être hors la loi, et ses frères auzi hors la loi... buisgue le roi il affre dit : *C'hordonne de gourir sus!*

— Très bien, Jérésu!... ces gens-là sont hors la loi, tout ce qu'il y a de plus hors la loi.

— Alors, messié Flotras, guand eine bersonne il être hors la loi, il n'affre blus rien en brobriété, n'est-ce bas?

— Absolument rien : son corps même ne lui appartient plus.

— Ni ses meuples, ni ses pijoux... ni sa femme, ni son geval, ni son pœuf, ni....

— Ah! c'est trop fort! le pendard se moque de moi! Arrive au fait, ou je te fais chasser.

— Fous safez bien que j'affre tégouvert gu'ein barent te l'uzurbadeur, il était à l'Elysée?... Eh bien, à brésent chai dégouvert qu'il a fait engore ein autre tomicile.

— Ah! ah!

— Avec tes pelles meuples au goufernement, tes dableaux, des dapis au gouvernement, et eine chélie pedide femme..

— Aux frais du gouvernement.

— Chustement, messié Flotras.

— Diable! mais la chose en vaut la

peine; il faut se hâter de mettre la main là-dessus. Dis-nous donc bien vite où se trouve tout cela.

— C'est que... messié Flotras, che foudrais...

— Hein?... Le drôle va me faire des conditions peut-être.

— Ne fous fâchez bas, pour l'amour te tié!... c'est que che foudrais faire bardie te l'exbédition, parce gue...

— Ah! je comprends; tu as une revanche à prendre... Après tout, c'est bien naturel. Cela est même nécessaire; ainsi c'est convenu, tu assisteras le commissaire de police... Voyons les noms et l'adresse afin que nous remplissions les mandats.

D'après la Charte, qui garantissait la liberté individuelle, la police et ses agents ne pouvaient pénétrer dans le domicile d'un citoyen qu'en vertu d'un mandat délivré par le procureur du roi ou par un juge d'instruction ; mais, afin de simplifier les choses, les agents supérieurs avaient toujours un certain nombre de ces mandats signés en blanc. C'était un moyen pour tourner la difficulté ; on violait l'esprit de la loi ; mais aujourd'hui c'est bien différent !!

Les mandats nécessaires furent donc baclés en un clein d'œil, les ordres donnés, les voitures requises, et un commissaire se mit immédiatement en campagne, escorté d'une nuée d'escogriffes en tête desquels se tenait Jérésu, impatient de s'indemniser des rigueurs de la justice distributive de Pichelet. Toute cette bande arriva au nouveau domicile de Régine au moment où la jeune fille et sa tante allaient se mettre à table, ce qui arrivait régulièrement quatre fois par jour, à la sollicitation de Félicie, et venait à l'appui de

cette sentence d'un profond observateur :
*il n'y a rien de plus élastique que le cœur
d'une femme galante, si ce n'est son estomac.*
A peine la porte fut-elle ouverte, et le magistrat eut-il fait quelques pas à l'intérieur suivi de ses gens, que la femme de chambre et la cuisinière se précipitèrent vers la salle à manger en jetant un cri d'alarme. Régine demeura muette d'épouvante à la vue du magistrat ceint de son écharpe, dont les extrémités balayaient le parquet à mesure qu'il s'avançait gravement vers le centre des opérations auxquelles il était préposé ; mais Félicie, au contraire, se retourna comme une louve blessée.

—Qu'est-ce que ça signifie ! s'écria-t elle en s'élançant au-devant de cette bande d'envahisseurs. Ne faites point un pas de plus, coquins ! ou c'est à moi que vous allez avoir à faire... Ah ! voici ce Judas de

Jérésu!... Je devine tout maintenant.... mais je n'en permets pas davantage, jour de Dieu!... Nous n'avons rien à craindre ; la police n'a rien à voir à nos affaires, attendu que nous méprisons la voie publique... nous la méprisons souverainement!... Le pavé de Paris est au préfet; on sait ça; eh bien ! qu'il le mange... ou bien qu'il prenne garde qu'on le lui fasse manger!... Quant à toi, Jérésu, sois tranquille, je te garde un petit souvenir qui te redressera les os s'il ne te les casse pas...

— Silence! fit le commissaire en frappant sur le parquet avec sa canne à pomme d'ivoire... Peste! ma vieille, vous avez la langue bien pendue, comme on disait au bon temps... Silence ! au nom du roi!... Nous avons ici à instrumenter; et, d'abord, qu'on nous livre les clefs des meubles.

— Drès pien! s'écria Jérésu, il nous faut les glés t'abord.

— Point de résistance, reprit le commissaire en voyant Félicie s'emparer d'un couteau, point de rébellion, ou je vous fais mettre les menottes et je vous emballe préalablement!... Ah! mes drôlesses, vous vous entendez avec l'usurpateur et sa clique pour voler sa majesté le roi très chrétien, et vous croyez qu'il n'y a plus, après cela, qu'à poignarder les fonctionnaires du gouvernement pour se tirer d'affaires?

Félicie, à bout de son courage, commença à trembler de tous ses membres; Régine semblait anéantie. Les clefs furent livrées par la femme de chambre, et alors commença une de ces exécutions comme il s'en faisait au bon temps que les cerveaux brûlés de cette époque avaient la prétention de ramener; c'est-à-dire que l'on prit sans compter tout ce que l'on put emporter, et que l'on mit les scellés sur reste; *de tout quoi*, comme on dit au Palais, on dressa un semblant de procès-verbal, lequel devait être immédiatement enseveli dans une sorte de capharnaum appelé les archives de la préfecture, sous la garde d'un honnête archiviste, trop honnête, par Dieu ! pour être placé en tel lieu, d'où il résultait que le brave archiviste gardait les archives à la manière de M. Raoul-Rochette, le conservateur des médailles de la Bibliothèque royale, qui les laissa voler.

— Pon ! pon ! disait Jérésu en bourrant ses poches d'or, d'argent, de bijoux, d'argenterie, d'objets de toute espèce, che fais faire insgrire au brocès-ferbal.

Et il allait d'une pièce à l'autre tandis que le commissaire comptait et examinait les meubles, et s'efforçait d'établir que le tout avait été enlevé du garde-meuble de la couronne.

— Tailleurs! criait insolemment le rusé coquin, j'affre l'audorisation de messié Flotras!... L'affaire il èdre à moi... ein pelle affaire! mais ch'en affre engore une audre pien plus pelle... tépêchons celle-zi pour gommencer l'audre.

— Maintenant, mes princesses, dit le commissaire, vous allez nous suivre.

— Qu'avons-nous donc fait, grand Dieu! s'écria Régine à laquelle le désespoir rendit quelque force.

— On vous le narrera, belle innocente! répliqua le magistrat; le moment des conversations particulières n'est pas venu. Par le flanc droit, et file à gauche!

Une demi-heure après, toute la bande faisait irruption dans l'hôtel de la rue de Jérusalem, et Régine et sa tante comparaissaient devant le monsieur au collier de barbe noire, lequel décida que la jeune fille serait provisoirement écrouée à la salle Saint-Martin, et que Félicie serait envoyée à la Salpêtrière pour y être détenue administrativement jusqu'à nouvel ordre.

— Ah! s'écria la pauvre vieille fille en entendant cet arrêt; autant valait me condamner à mort... Et dire que le bon Dieu aurait pu me faire mourir six mois plus tôt s'il l'avait voulu!... juste au-dessus du café des Aveugles, entre Véry et les Frères Provençaux, et à deux pas de la petite cave de la rue Beaujolais!... Adieu, Régine; nous ne nous reverrons plus!.. Je ne t'accompagnerai plus sous ces beaux petits arbres du Palais-Royal qui laissent si bien passer le soleil entre leur feuillage... Nous ne flânerons plus, au clair de la lune, devant la Rotonde.... Adieu les flûtes de Suleau, les échaudés d'Ozanne.... Adieu toutes mes joies! toutes ces douces choses qui me rajeunissaient...

La malheureuse fondait en larmes : il lui avait fallu se faire violence pour consentir à vivre momentanément loin du Palais-Royal; l'idée d'être condamnée à ne plus revoir ce lieu dont elle avait fait sa patrie était un supplice qu'elle ne se sentait pas la force de supporter. Tout-à-coup, ses larmes se séchèrent; ses yeux devinrent hagards; ses membres se raidirent; elle tomba sur le parquet en poussant des cris aigus. En vain Régine s'efforça de la secourir, de la rappeler à la raison en lui prodiguant des consolations; l'infortunée ne l'entendait plus, et bientôt elle expira au milieu des plus affreuses convulsions du désespoir.

Tandis que l'homme à la barbe noire envoyait sans scrupule à la Morgue le cadavre de la pauvre Félicie comme s'il eût été trouvé sur la voie publique, et que Régine, grâce à quelques pièces d'or, obtenait à grand'peine un misérable grabat dans une cellule noire et infecte, Jérésu retournait à son bouge, espèce de trou ménagé sous un escalier tournant, et que lui abandonnait par charité la portière de l'une des maisons suspectes de la petite rue du Rempart, à quelques pas du Théâtre-Français. Après avoir tiré le cordon, la portière, apercevant le juif, frappa aux vitres de sa loge pour attirer son attention, et ouvrant le vasistas, elle dit :

— Jérésu, j'ai une lettre pour vous.

— Ché reçois bas de lettres.... fous zavez pien, m'ame Philotet, gue che rezois chamais te lettres.

— Mais elle ne coûte rien ; il y a *P. P.*, ce qui veut dire *franco* en abrégé..... j'ai vu ça tout de suite.... Quand on a été pendant dix ans dans le haut commerce....

— Ah! gomme za cherezois... cherezois touchours gomme za!

Il prit la lettre dont la suscription portait plusieurs timbres de diverses couleurs ; puis il alla se placer sous l'espèce de lampion qui brûlait dans une niche au pied de l'escalier; et, après avoir rompu les deux cachets qui fermaient la lettre, il lut :

« Jérésu,
« Je sais que tu es rusé filou, un fieffé
« voleur, l'un des plus adroits coquins qui
« exploitent quotidiennement le Palais-
« Royal ; mais je suis plus fort que toi,
« et c'est pour cela que je n'hésite pas à
« t'envoyer un billet de mille francs que
« tu trouveras sous ce pli... »

Ici, Jérésu s'arrêta ; il tourna le feuillet,

et il laissa échapper une sorte de cri sauvage à la vue d'un billet de banque de mille francs.

— Qu'est-ce qu'il y a donc? fit la portière en passant la tête à travers le vasistas demeuré ouvert.

— Rien, rien, matame Philotet... che lis la lettre... che la lis un peu haut, foilà dout.

Et il continua à lire.

« Sur cette somme, il y aura dix napo-
« léons pour toi, à condition que tu te con-
« formeras aux instructions que je vais te
« donner...

— Oh! oh! fit le juif en levant d'un air de dédaigneuse pitié ses épaules dépareillées, il tit qu'il est fort, et il gommence par tonner l'archent...

Il reprit sa lecture.

« Tu dois connaître, tu connais, j'en
« suis sûr, une jeune fille, autrefois mar-
« chande ambulante au Palais-Royal. Il
« faut que tu découvres sur-le-champ la
« retraite de cette petite, nommée Ré-
« gine Caumont, que je sache exacte-
« ment quelle est sa conduite, sa position
« de fortune. Tu lui donneras, en tout
« état de cause, huit cent francs sur les
« mille que je t'adresse, et tu te feras
« donner un reçu, tu le mettras sous en-
« veloppe, avec une note sur la situation
« de la jeune fille, ses mœurs, etc., et tu
« écriras sur ce paquet, l'adresse que
« voici : À Monsieur A... B..., poste res-
« tante, à Cologne.

« Maintenant, voici ce qu'il me reste à
« te dire : Si tu ne te conformes pas exacte-
« ment aux instructions que je te donne ;
« si tu gardes un sou de plus que la somme
« qu'il me plaît de t'allouer, ou si, ne

« trouvant pas la jeune fille, tu ne dé-
« poses pas sous son nom, chez un ban-
« quier, la somme qui lui est destinée,
« avant la fin du mois courant, on te trou-
« vera mort comme une bête malfaisante,
« dans quelque ruisseau ou au coin de quel-
« que borne. Songe qu'il faut que je sois
« bien sûr de t'atteindre et de te punir s'il
« le faut, pour que je n'hésite pas à confier
« la somme contenue dans cette lettre à
« un effronté coquin de ton espèce. Règle-
« toi là-dessus, et hâte-toi d'obéir à ton
« maître.

« A... B... »

— Mon tié! mon tié! dit Jérésu en s'ef-forçant de contenir sa joie, le ponheur il m'égraze!

Et il alla se jeter sur la paille de sa niche, de peur que la joie ne lui arrachât quelque exclamation qui pût le trahir.

XII.

La prison. — L'mportance d'un espion.

Sous l'empire et pendant les premières années de la restauration, la prison de la préfecture de police était divisée en deux parties bien distinctes : le Dépôt, proprement dit, et la salle Saint-Martin. Rien n'était plus horrible que le *Dépôt*, où l'on jetait chaque matin les voleurs, les vagabonds, les filles publiques, les ivrognes, les enfants abandonnés, les gens sans aveu, ramassés pendant la nuit sur la voie publique, et déposés jusqu'au jour dans les divers corps-de-garde de Paris. C'était là aussi que l'on déposait les individus arrêtés en vertu de mandats, quels que fussent les crimes et délits qui leur étaient imputés.

Ce Dépôt se composait de trois grandes chambres dans chacune desquelles étaient entassés pêle-mêle, enfants, hommes faits et vieillards; dans une quatrième pièce étaient parquées les jeunes filles et les femmes. Chacune de ces chambres formait un carré long, aux extrémités desquelles étaient placés d'énormes baquets destinés à recevoir les excréments de trois ou quatre cents malheureux composant le personnel du lieu. Le long des murs latéraux était étendue de la paille humide, souillée de toutes sortes d'impuretés impossibles à nommer.

Un infortuné jeté dans cet enfer y passait le premier jour sans recevoir d'aliments, et comme il arrivait que beaucoup y étaient amenés précisément parce qu'ils s'étaient trouvés pendant plusieurs jours sans pain, il n'était pas rare que quelqu'un d'eux ne mourût de faim avant d'avoir pu prendre part à la distribution de soupe et de pain qui ne se faisait qu'une fois en vingt-quatre heures. On ne s'occupait point de ceux-là, et ils mouraient sans qu'on y fît attention.

En revanche, ceux qui avaient quelque argent, ou dont les vêtements représentaient quelque valeur, étaient impitoyablement rançonnés par le *prévôt de la chambre*, titre qui appartenait de droit au plus ancien prisonnier.

A peine entré, le nouvel hôte de cet affreux séjour était sommé de payer sa *bien-venue* : si, pour satisfaire à cette exigence, il tirait quelque argent de sa poche, on se jetait sur lui, on lui prenait jusqu'au dernier sou, et après avoir fait mine d'appeler le gardien, qui ne venait point, précisément parce qu'il savait de quoi il s'agissait, le prévôt déclarait gravement que la cantine n'était pas ouverte, et il empochait l'argent dont il donnait quelques parcelles aux misérables qui l'avaient secondé. Si l'homme nouvellement écroué était sans argent, avait des habits de quelque valeur, alors le prévôt mettait ces vêtements, l'un après l'autre, à l'enchère, à haute et intelligible voix; il les adjugeait au plus offrant, et dès que le mot *adjugé* était prononcé, on sommait le malheureux de se dépouiller de l'objet ainsi vendu. Cela ne s'arrêtait qu'à la chemise; quelquefois même le patient était dépouillé sans pitié de ce dernier voile...

Cela, messieurs mes contemporains à

moi, qui ai été contemporain des hommes de cette époque, cela se passait à moins de cinquante mètres des salons du préfet de police!... Et je ne dis pas tout ; je ne parle pas, je ne puis parler des femmes, des filles jetées dans ce lieu par le crime, la misère ou la fatalité. Je ne dis pas cela, parce que *cela ne peut pas se dire* ; il y a des bornes que l'honnêteté ne peut pas dépasser, même quand il s'agit de stigmatiser le vice, le crime, la barbarie et ses fauteurs (1). Pourtant je m'attends à une objection, et je veux y répondre :

— La loi veut que toute personne arrêtée soit interrogée par un magistrat dans les vingt-quatre heures.

— La loi veut cela en effet ; mais les interprètes de la loi ont trouvé la chose

---

(1) Il est juste de dire que cela a été bien changé et amélioré depuis quinze ans.

impraticable, et voici comment ils ont tourné la difficulté : la loi dit *vingt-quatre heures*, c'est qu'elle a voulu dire un *jour* ; mais un jour complet, un jour *franc*, c'est-à-dire indépendant du jour qui le précède et de celui qui le suit. Donc le jour de l'entrée en prison ne compte pas, non plus que celui de la sortie de la transformation du mandat d'arrestation en mandat de dépôt ; à plus forte raison ne doit-on pas compter le temps passé chez le commissaire ou au corps-de-garde ; en conséquence, les vingt-quatre heures dont parle la loi signifient un peu plus de quatre jours, et pourvu que cela ne passe pas la semaine, le dimanche ne comptant point, nous sommes dans la légalité !...

Remarquez, je vous prie, que je dis les faits, et que je ne les discute point.

Cette fois, ainsi que nous l'avons dit, ce n'était point dans cette partie du dépôt qu'on avait écroué Régine : grâce à la bourse qu'elle avait sauvée du naufrage, c'était à la salle Saint-Martin qu'on l'avait écrouée. La salle Saint-Martin était composée de huit ou dix chambres ou cellules, situées au-dessus de la voûte qui sépare la première cour de l'hôtel de la préfecture de la seconde, et qui est attenante aux anciennes cuisines de M. Pasquier. La plupart de ces chambres contenaient deux ou trois lits; quelques-unes seulement étaient destinées à ne recevoir chacune qu'un prisonnier. Ce fut dans l'une de ces dernières que l'on enferma la pauvre Régine, sans avoir égard à ses cris, à ses larmes, à son désespoir, à la faveur qu'elle réclamait de passer la nuit en prières près des restes inanimés de sa tante.

La pauvre enfant passa une nuit affreuse, l'une de ces nuits sans sommeil et sans consolation, connues seulement de ceux qui en ont subi les angoisses, et dont les heureux du jour sont impuissants à se peindre les tortures. Il faisait déjà jour depuis longtemps, lorsqu'un bruit de serrures et de verroux vint distraire l'infortunée Régine de ses douloureuses pensées.

La jeune fille s'élança aussitôt de dessus le lit où elle s'était étendue sans quitter ses vêtements, et la porte de la cellule s'étant ouverte, elle vit entrer un homme de trente-cinq ans environ, de taille moyenne, aux cheveux blonds, au regard doux et bienveillant.

— Ma belle demoiselle, dit-il, vous m'excuserez de me présenter si matin; mais j'étais inquiet sur votre compte, et ma femme qui allaite notre dernier a passé une si mauvaise nuit que je n'ai pas osé la réveiller pour l'envoyer près de vous...

— Que me voulez vous, monsieur? demanda Régine qui, à raison de sa position, s'effrayait de tout.

— Mon Dieu! c'est bien simple: c'est moi qui suis Champwel, le concierge de la salle Saint-Martin. Il en meurt tant de l'autre côté (le Dépôt) que nous tâchons, ma femme et moi, qu'il en meure le moins possible par ici, afin de faire compensation... Je sais bien que les lits sont mauvais, qu'il y a des puces... il est même possible que les souris vous aient empêchée de dormir; mais fort heureusement les rats ont le bon esprit de préférer la cuisine de M. le préfet à la nôtre... Il y a une foule de gens qui nous en veulent à cause de cela; mais, sauf le respect que je vous dois, c'est bête comme tout de nous en vouloir à propos de choses auxquelles nous ne pouvons rien: M. le préfet nous loue les grabats et le reste; nous sous-louons le tout aux locataires qu'il nous envoie, moyennant un bénéfice de tant pour cent... c'est le commerce réduit à sa plus simple expression. Ainsi, ma chère demoiselle, rassurez-vous, et si vous avez de l'argent, demandez tout ce qui vous fera plaisir... Il y a, dans la cour de la Sainte-Chapelle, à deux pas d'ici, près de la cour de Comptes, un limonadier-restaurateur chez lequel on trouve d'excellentes choses..... C'est un très brave homme qu'on appelle Etienne Pasquier, comme l'avant-dernier préfet... je crois même, entre nous, qu'ils sont un peu parents... Quand il vous plaira de demander à déjeuner, vous n'aurez qu'à frapper trois coups et je serai à vos ordres (1).

(1) Tous ces détails, qui pourront paraître futiles à certains lecteurs, ont au moins le mérite de la plus scrupuleuse exactitude : le concierge Champwel et le limonadier Étienne Pasquier ne sont pas plus des êtres de raison que la salle Saint-Martin et le bureau des mœurs ne sont des créations de l'imagination.

Et maintenant, si l'on me demande pourquoi, à propos du Palais-Royal, j'essaie de peindre les limbes

— Merci, monsieur, répondit Régine, encore tremblante de la frayeur que lui avait causée tout d'abord cette apparition. En ce moment je n'ai absolument besoin que de solitude et de silence.

— Oui, oui, je comprends; à cause de la scène d'hier soir, n'est-ce pas ? La chose a pu être douloureuse, j'en conviens; mais, ma chère demoiselle, on ne vit pas avec les morts, et quand on a fait son temps... mais ma femme vous dira ça tout à l'heure beaucoup mieux que moi. Seulement, dans le cas où elle négligerait de vous en instruire, je vous prierais de prendre en considération nos six enfants dont l'aîné ne parle pas encore assez distinctement pour être envoyé à l'école, et qui sont

de la rue de Jérusalem, je répondrai qu'à cette époque, des splendeurs du palais, si mal à propos alors appelé *royal*, aux monstrueux cabanons de l'hôtel de la préfecture de police, il n'y avait qu'un pas, vérité surabondamment démontrée dans cet ouvrage.

tous gentils à croquer, vous verrez!

Ce geôlier était incontestablement un habile homme, qui avait senti que l'intimidation était peu propre à favoriser l'écoulement du numéraire dont ses pensionnaires pouvaient être pourvus, et qui quittait une voie usée pour se jeter dans une voie nouvelle : c'était un humanitaire de ce temps-là.

Régine commençait à ressentir l'influence de ce langage si étrange en pareil lieu, et déjà ses craintes avaient fait place à une sorte de compassion, lorsque du premier étage s'éleva une voix de femme qui fit entendre ces paroles :

— Champwel! une visite pour le n° 9.

— Justement pour vous, ma belle demoiselle, dit le concierge à Régine; permettez que j'aille au devant de la personne...

Il avait à peine donné un tour de clé, que les pas du visiteur se firent entendre sur le palier.

— Par ici, monsieur, dit Champwel en r'ouvrant la porte.

Le personnage ne répondit point, mais il continua à s'avancer jusqu'à ce qu'il se trouvât faire face avec la prisonnière.

— Jérésu! s'écria-t-elle, en cachant son charmant visage avec ses mains.

— Mon tié foui, mam'zelle Régine, z'est ce baufre Jérésu, gui a eu toutes zortes de malheurs à gause de fous.... mais qui fous aime pien tout de même.

— Mais, misérable, vous faisiez hier partie des gens qui me pillaient, qui m'ont amenée ici...

— Che faisais bartie! che faisais bartié bour vous brotéger..... malhérésement ch'affre bas pu faire grand'chose; mais chai zollicité... ch'ai réglamé, tonné, tempêté! et ch'ai obtenu de fenir fous voir bour vous consoler.... Et à brésent che fas travailler bour fous faire mèdre en liperté.

— Mais vous êtes donc bien puissant ici? demanda la jeune fille, tandis que sur son visage, dans son geste, se manifestait le dégoût insurmontable que lui inspirait ce personnage.

— Ch'être bas buissant, mam'zelle Réchine; mais, dans la *Forêt-Noire*, ch'ai appris à hurler avec les loups... Tam! che zuis un baufre tiable... Et buis ch'ai de la bazience, peaucoup de bazience..... che rezois tes pons goups de bieds, tes pons goups de boings, tes bons goups de pâtons; mais z'est égal, che fas douchours : si on me chasse, che me gouche à la porte, et che rébète ma betite andienne chusqu'à ce gu'on m'égoute dranguillement et qu'on me tonne raison..... Et buis engore che gonnais ein pon afocat, ein crande afocat... mais il lui faut ein boufoir bour agir, et il m'affre tonné ein babier dimbré tout planc gue foilà bour gue fous égriviez le boufoir, moyennant guoi il dit que fous zerez libre temain.

Et le rusé coquin présenta à la pauvre fille une feuille de papier timbré, en même temps qu'il tirait de sa poche un carnet contenant de l'encre et des plumes. Régine ne put cacher l'embarras qu'elle éprouvait, car l'amour-propre survit, chez la femme, à toutes les douleurs du corps et de l'âme : la jeune enfant était fort peu lettrée, et Jérésu avait compté là-dessus.

— Oh! reprit-il, c'édre bas tifficile : il y a affre qu'à mettre au pas du babier : *abbroufé l'égrilure zi-tessus*, et signer.

Régine écrivit de son mieux ces quelques mots qui, une heure après, étaient précédés d'un reçu de huit cents francs expédiés à Cologne avec une lettre, dans laquelle il était dit que la jeune marchande avait manifesté l'intention de profiter de cette bonne fortuue pour retourner dans son village.

Au bout de trois mois, l'autorité songea enfin à s'occuper de l'affaire de la pauvre fille, que l'on n'avait jusque-là interrogée que pour la forme ; comme on ne savait trop de quoi l'accuser, on prit le parti de lui rendre la liberté, en déclarant de bonne prise tout ce qu'on lui avait volé, et on lui délivra, par forme de compensation, un passeport d'indigente, lequel lui donnait droit à trois sous par lieue, à la condition qu'elle quitterait Paris dans les vingt-quatre heures.

XIII.

Une apparition.

A deux lieues de Fontainebleau, sur la route de cette ville à Malsherbe, on aperçoit au midi, et à une assez grande distance dans les terres, une charmante habitation moderne, entée sur les ruines d'un château gothique, ancienne résidence des comtes de Souvrecœur. Une longue avenue, plantée de chaque côté d'une double rangée de peupliers, et fermée d'une barrière, conduisait de cette route à une grille nouvellement restaurée, mais dont le style moyen-âge avait été conservé, œuvre de ce nouvel âge d'or où d'habiles ouvriers s'efforçaient d'ennoblir leur métier en l'élevant à la hauteur de l'art, et sous les mains puissantes et intelligentes desquels le fer semblait plus malléable que la cire elle-même. Cette grille donnait entrée sur une cour spacieuse, à l'extrémité de laquelle s'élevait, sur le sommet d'une petite colline, un corps de logis cintré, terminé, à chaque extrémité, par un pavillon en forme de tourelle. Dans les anciens fossés, qui avaient été conservés, coulait maintenant l'eau vive et limpide d'un ruisseau voisin, dont le cours naturel avait été habilement détourné. Un double perron, garni d'élégantes rampes, conduisait à un péristyle bien ordonné, d'où l'on apercevait, à travers les vitraux gothiques d'une vaste galerie moderne, des jardins en amphithéâtre, et à l'horizon un parc immense, percé de belles allées, dont l'œil était impuissant à mesurer l'étendue (1).

Par une belle soirée du commencement de mars 1814, un homme, d'un aspect étrange, traversait d'un pas rapide le parc de Souvrecœur; son pantalon, d'étoffe brune et grossière, était recouvert jusqu'au genou par les longues tiges de ses bottes en cuir brut; une espèce de schako

---

(1) Les descriptions topographiques, architecturales et mobilières ont certainement leur prix, mais on en fait en général maintenant un si ridicule abus, que nous avons cru devoir être fort sobre de ces peintures, appelées, par de mauvais plaisants, de la littérature d'arpenteur, de commissaire-priseur et de maître maçon. Un vieux plaisant, qui valait bien les nouveaux, avait déjà dit :

S'il rencontre un palais, il m'en dépeint la face,
Et me promène après de terrasse en terrasse.

ou plutôt de casquette, d'un cuir à peu près semblable, garnie d'une double visière, lui couvrait la tête, enfoncée qu'elle était jusque sur les sourcils ; de chaque côté de cette calotte, pendaient des espèces de gourmettes en peau de renard, qui cachaient les oreilles et la plus grande partie du visage. Sous la visière de cette singulière coiffure cependant, brillaient de larges et vives prunelles, qui semblaient percer l'obscurité du bois ; un nez long et proéminent, qui prenait racine entre ces yeux ardents, semblait s'appuyer à sa base sur d'épaisses moustaches jadis noires et qui commençaient à grisonner, de même que la barbe longue et touffue qui lui couvrait le menton. Par dessus une espèce de veste en peau de mouton, ce personnage portait une sorte de plisse en grosse étoffe de bourre, à peu près semblable au vêtement que les rouliers nomment *limousine*. A une ceinture, qui serrait le haut du pantalon, était attaché un couteau de chasse à deux tranchants, enfermé dans un fourreau de fer, et deux pistolets de combat dont la forme élégante et les riches incrustations contrastaient singulièrement avec l'aspect presque sauvage de cet homme, qui, après avoir pénétré dans le parc par l'une des nombreuses brèches faites au mur, s'avançait à grands pas, en suivant sans hésiter des sentiers à peine tracés, ce qui annonçait une connaissance parfaite de la topographie de ces lieux. Bientôt cet homme arriva près du jardin; d'un bond il franchit le saut-de-loup qui l'en séparait, puis il escalada le mur à hauteur d'appui qui régnait sur le bord du fossé, et, en quelques instants, il se trouva au milieu du vaste parterre qui s'étendait sous les balcons du château. Là, il s'arrêta un instant comme pour s'orienter.

Il se peut que le marquis ne soit pas encore parti, se dit-il, et peut-être ferais-je bien d'attendre que la nuit soit plus avancée : les domestiques ne sont pas nombreux, et j'arriverais facilement jusqu'à la chambre à coucher de madame de Gastelar...; mais ce serait trois ou quatre heures de perdues, et le mal faisait de si rapides progrès quand je suis parti... Allons, il n'y a plus à hésiter : il faut à ce brave garçon un bon lit, un habile chirurgien, des médicaments de bon aloi, des soins de toutes sortes et de tous les instants ; et par les cinq cents diables!... il trouvera tout cela ici..... Le pis qui puisse m'arriver, après tout, c'est qu'on me prenne pour un voleur, et, en conscience, ce ne serait pas me faire une grosse injure. La chose, d'ailleurs, serait sans conséquence, puisque, d'un mot, je puis imposer silence à quiconque ici oserait mem enacer..... Allons donc! de la prudence, mais plus d'hésitation.

Il continua alors à s'avancer avec précaution le long d'une terrasse plantée de tilleuls, et il arriva ainsi jusque sous les balcons du château, dans lequel semblaient régner les ténèbres, aucune lumière ne se montrant dans toute l'étendue de l'habitation, si ce n'est à deux fenêtres du premier étage de la tourelle orientale, à travers lesquelles on apercevait une pâle lueur semblable à celle d'une lampe mourante. Ce fut vers ce point que se dirigea l'étrange personnage dont nous venons de parler. Arrivé sous ces fenêtres, il mesura de l'œil la distance qui les séparait du sol; puis, tirant de dessous son grossier manteau plusieurs fortes chevilles de fer très aigues, il en enfonça successivement deux dans les interstices des pierres de la muraille; puis, montant de la première sur la seconde, il en ficha une troisième, et continuant le même manège, il arriva jusqu'au balcon, dont il escalada la grille. En ce moment un bruit de voix partant de l'intérieur étant venu jusqu'à lui, il se coucha sur les dalles du balcon, et il écouta attentivement.

— C'est une tyrannie, monsieur! disait une voix de femme bien accentuée. M'obliger à rester ici presque seule, lorsque déjà, depuis huit jours, les éclaireurs de l'armée des alliés se sont montrés dans les environs...

— Et c'est précisément à cause de cela qu'il faut que vous y restiez, madame, répondit une voix d'homme qui semblait habituée au commandement.

— Ainsi, vous n'avez nul souci des dangers auxquels je vais être exposée?

— Oh! madame la marquise, voilà qui est indigne de vous : je vous croyais plus jalouse de votre réputation de femme forte.

— Cela veut dire probablement que je dois m'attendre à voir se renouveler pour moi cette vie de tortures que des insensés m'avaient faite il y quinze ans ?... Eh bien ! je vous déclare que je ne l'accepte pas.

— Et moi, madame, je ne serais pas disposé à en accepter les conséquences.

— Encore cette horrible accusation ?

— Non, madame, je n'accuse pas; seulement je me souviens, et je m'étonne que vous qui avez fait de si dangereuses campagnes, qui avez assisté à de si terribles scènes, manifestiez des craintes si vives à propos d'un danger imaginaire. Les alliés ne sont pas nos ennemis, à nous. Ce sont les sauveurs de la France, les restaurateurs de la monarchie, et notre mission à nous, mandataires du roi, du chef de l'auguste famille des Bourbons, notre devoir est de préparer les voies à ces courageux libérateurs. Déjà le marquis de Chabannes, plénipotentiaire de Sa Majesté Louis XVIII, parcourt la Flandre et l'Artois, où il fait partout arborer le drapeau blanc; un avis du quartier-général russe m'annonce qu'il est question de me confier une mission semblable pour la Champagne et la Bourgogne, et l'on me mande de Paris que je suis attendu pour demain au comité royaliste ; mais, pendant mon absence, des émissaires seront sûrement envoyés ici : il faut qu'ils trouvent à qui parler, et vous seule pouvez me seconder.

— Puisqu'il le faut, monsieur, je me conformerai à vos ordres, répondit la dame d'un ton fort radouci.

— Et ce sera sans le moindre danger, belle amie... Tenez, voici un talisman qui suffira pour vous mettre à l'abri de tout danger.

L'homme qui avait escaladé le balcon leva doucement la tête, et grâce au léger écartement d'un rideau mal fermé, il vit le personnage appelé *M. le marquis* par son interlocutrice, présenter à cette dernière un parchemin revêtu de plusieurs cachets.

— Ecoutez le contenu de cette pièce, dit le marquis.

Et il lut :
« Moi, Alexandre Ier, empereur de tou-
« tes les Russies, ordonne à tous et à
« chacun de respecter, et de protéger au
« besoin, le porteur du présent, lui, sa fa-
« mille, ses gens et ses biens quels qu'ils
« soient, et tout particulièrement le châ-
« teau de Souvrecœur, ses habitants et
« ses dépendances, car telle est ma vo-
« lonté expresse.

« Signé : ALEXANDRE. »

— Cela, madame, reprit le marquis, est traduit, à mi-marge, en allemand, en anglais et en français. Il vous suffira de montrer cet ordre aux plus terribles vainqueurs pour qu'ils se prosternent devant vous. Et maintenant vous savez le reste : j'emmène mes trois dévoués serviteurs, trois de ces braves gens que vous avez vus à l'œuvre autrefois sous les ordres du Petit-Duc, du terrible Pied-de-Fer...

— Ah! vous êtes bien cruel ce soir, monsieur, s'écria la dame avec amertume. Voulez-vous donc absolument m'obliger à user de représailles en vous rappelant la rue Saint-Nicaise ?

— Eh! bon Dieu! tout cela me prouve une chose, c'est que nous combattions alors, vous et moi, l'ennemi commun avec des armes différentes, et je ne sais point de soldats que l'on puisse offenser en leur appelant leurs hauts faits... Adieu donc, marquise..... De grâce, que la colère ne contracte pas davantage ce charmant visage pour lequel on se damnerait sans hésiter, si on ne l'était déjà..... Donnez-moi cette jolie main en signe de paix, et tâchons de ne pas nous rappeler que nous sommes époux, afin que nous demeurions amants.

A ces derniers mots, le visage de la dame, sur lequel la fureur s'était peinte, se rasséréna tout-à-coup, et elle tendit la main à son mari, qui s'écria avec enthousiasme :

— Madame, votre époux le marquis de Gastelar sera bientôt premier ministre.

— J'en accepte l'augure, méchant que vous êtes.

— Et nonobstant cette méchanceté imaginaire que vous me reprochez, vous voulez bien m'être en aide ?

— Toujours, et de toutes mes forces.

Le marquis pressa à plusieurs reprises la main de sa femme sur ses lèvres : puis il sortit, et tout rentra dans le silence.

— Il paraît, se dit mentalement l'homme couché sur le balcon, que je ne suis pas le seul qui se souvienne du passé. Tout à l'heure, chère amie, nous pourrons bien continuer le chapitre que vous avez empêché le marquis d'achever.

Cependant la dame se promenait pensive dans le salon que venait de quitter le marquis. C'était une femme d'une taille élevée, qui était alors dans tout l'éclat de sa beauté, bien qu'elle eût un peu plus de trente ans. Maintenant qu'elle pouvait donner un libre cours à ses pensées, ses beaux yeux noirs semblaient lancer des flammes; un rouge de feu couvrait son visage, de chaque côté duquel tombaient de longues boucles de cheveux noirs dont les extrémités se jouaient sur son col d'albâtre. A sa respiration courte, oppressée, à son geste menaçant, aux quelques rides qui se montraient sur son front, on pouvait deviner combien était violente son émotion.

— Me sera-t-il donc toujours impossible de rompre avec le passé! s'écria-t-elle tout-à-coup; cet infâme viendra-t-il sans cesse me jeter à la face le souvenir de ces jours... de ces nuits terribles... Le monstre ose se plaindre des sanglants sacrifices que je lui ai faits, alors que les victimes se taisent!... Ai-je donc tué pour le plaisir de tuer?... Non! le ciel et l'enfer en sont témoins : j'ai tué pour être libre et pour être riche, ce qui est la même chose. Mais non, je n'ai pas tué; je n'ai fait que renverser les obstacles qui se dressaient devant moi, qui menaçaient mon avenir...

Oh! toutes ces pensées me brûlent, me corrodent le cerveau : c'est une flamme ardente qui court dans mes veines... De l'air, de l'air, ou je meurs!...

Sa main saisit convulsivement l'espagnolette d'une fenêtre et la fait jouer; au même instant l'homme du balcon se relève et apparaît comme un spectre à la marquise, qui pousse un cri, se couvre le visage de ses deux mains en reculant de quelques pas, et va tomber dans un fauteuil.

— Diable! dit l'homme en s'avançant vers la dame, il faut, ma belle, que vous soyez devenue bien timide, ou bien que mon uniforme me rende bien affreux..... mais, au moins, j'espère que vous me reconnaîtrez à la voix.

— Retirez-vous, malheureux!... ne m'obligez pas à appeler du secours!...

— Allons donc! assez de façons comme ça, je vous prie... Est-ce donc à dire, triple feu d'enfer! que les battus paieront toujours l'amende?... Non, par les cinq cents diables, il n'en sera pas ainsi!... Ecoutez, ma belle Frédégonde, je viens vous demander un asile, non pas pour moi, mais pour un brave enfant... un jeune officier auquel j'ai sauvé la vie une fois déjà; qui mourrait si je le laissais où il est, et qui doit vivre parce que... parce que je le veux.

— Infâme! va-t'en? va-t'en! s'écria la marquise en bondissant de son siége.

Et elle tira de dessous ses vêtements un poignard qui étincela dans ses mains; mais, tout-à-coup une pâleur livide couvrit son visage si animé quelques secondes auparavant; son regard devint terne, ses genoux fléchirent, et elle alla retomber presque mourante dans le fauteuil qu'elle venait de quitter.

— Je suis un infâme, c'est vrai, dit l'homme en manteau de bourre, en s'arrêtant au milieu du salon et croisant ses bras sur sa poitrine ; mais qu'êtes-vous donc, vous, ma belle ?... Il paraît que vous avez oublié notre histoire à tous deux ; eh bien ! je vais vous la rappeler sommairement. C'était en 1798 ; j'avais bravement fait les campagnes d'Italie ; j'étais chargé de lauriers, mais je n'avais pas le sou. De mauvais garnements, que j'avais connus autrefois dans les tripots voisins du Palais-Royal, et que j'y retrouvai en quittant le régiment, me parlèrent alors d'une espèce de corps franc qui venait de succéder aux chouans, comme les chouans avaient succédé aux Vendéens, et qui faisait en ce moment une campagne très lucrative contre les coffres du gouvernement, des *chauffeurs* enfin, car j'aime à appeler les choses par leur nom, c'est le moyen de s'entendre. On avait fait de grands coups, me dit-on ; mais il en restait de bons à faire. Cela devait me convenir ; car, ainsi que je le disais, ma bourse était vide et j'avais les passions vives. Je consentis à prendre de l'emploi, et l'on me présenta au Petit-Duc, qui avait alors son quartier-général près de Versailles, et dont vous étiez la charmante maîtresse...

La marquise fit un violent effort pour interrompre le narrateur.

— Bandit ! dit-elle d'une voix étouffée, je te ferai repentir de ton audace !

— Calmez-vous donc, chère belle ; il me semble que je n'ai encore rien dit qui puisse justifier ce grand courroux : le Petit-Duc était le chef, le maître si vous voulez des chauffeurs, et vous étiez la maîtresse du maître; c'était, pardieu! un assez bel emploi... D'ailleurs, plus tard, la position s'est régularisée; vous étiez sa maîtresse, vous êtes devenue sa femme; personne n'a rien à dire à cela... C'était, il faut en convenir, une récompense que vous aviez bien méritée. Enfer du diable! il me souvient de vous avoir vue à l'œuvre, alors qu'il s'agissait de faire parler ces animaux de fermiers qui faisaient les récalcitrants, et ne voulaient pas dire où étaient leurs épargnes; avec quelle ardeur vous attisiez le feu sous les pieds de ces vilains!... Car, à défaut de l'argent de la république, nous nous contentions de celui de ses sujets; mais, ma foi, à la guerre comme à la guerre! Par malheur, cette guerre devint rude, et nous eûmes de cruels revers; dix de nos plus braves compagnons tombèrent pour ne plus se relever; trente-cinq autres furent faits prisonniers presque en même temps. Avez-vous donc aussi oublié tous ces intrépides compagnons? Nézel, Mariotte, le Petit Boucher des Chrétiens, le Boulanger noir, et trente autres, jugés, condamnés à Paris par le premier conseil de guerre de la dix-septième division militaire, et presque tous exécutés... Avez-vous oublié l'admirable courage avec lequel ils se sont tus, alors que d'un mot ils pouvaient vous perdre, vous qui les abandonniez?.. Enfin, il fallut quitter la partie. Vous étiez en fonds : le Petit-Duc parvint aisément à faire rayer son nom et le vôtre de la liste des émigrés, puis il vous épousa, racheta la plus grande partie des biens de sa famille et de la vôtre, et vous vîntes vous établir au château de Souvrecœur. Cependant, dès les premières expéditions, le capitaine m'avait bien jugé; il me fallait un nom de guerre, il me donna celui de Pied-de-Fer, en échange du mien, Charles Baillor; plus tard, il fit de Pied-de-Fer son premier lieutenant; puis enfin, quand il fallut renoncer à la guerre, il me donna asile ici...

— Ah! s'écria la marquise avec des larmes dans la voix, vous voulez donc être sans pitié pour moi.

— C'est selon, belle dame; nous aviserons là-dessus quand il en sera temps. Pour le moment, il s'agit de prendre position... Vous étiez bien belle alors, madame! presque aussi belle que vous l'êtes maintenant; vos beaux yeux allumèrent un feu terrible dans mon cœur; je parvins à me faire aimer, et vous fûtes à moi... Ardents comme nous l'étions tous deux, nous devions nous irriter du moindre obstacle. Votre mari eut le malheur de montrer quelque jalousie; ce fut son arrêt de mort. Un soir, là, sous les tilleuls de cette terrasse, je me plaignais de la rareté de nos entrevues, que la surveillance de votre mari menaçait de rendre bientôt tout-à-fait impossibles; je vous tenais dans mes bras, nos lèvres brûlantes se touchaient.

— Eh! bien tue-le, me dites-vous en jetant vos bras sur mes épaules; tue-le, afin que je ne sois qu'à toi!

— Le lâche! le lâche! dit la marquise d'une voix étouffée.

— Lâche! moi?... Oh! vous savez bien que vous mentez. Un lâche aurait fui; je restai, et le lendemain, on ramassait dans le parc le cadavre de votre mari dont la tête était traversée par une balle. Un garde, caché dans le fourré, avait été témoin de cet événement; on m'arrêta. Je pouvais vous perdre d'un mot; je me tus. On me condamna aux travaux forcés, et je me laissai conduire au bagne sans proférer une plainte; toutes mes souffrances étaient dominées par l'amour: je souffrais pour vous, à cause de vous, et je me sen-

tais presque heureux de souffrir. Mon courage, mon adresse, ma force devaient me faire recouvrer promptement la liberté : après deux ans de captivité, je parvins à m'évader ; mais déjà depuis six mois vous aviez épousé M. de Gastelar....
Le dégoût de la vie me saisit ; j'allai à Paris, où je cherchai à vous oublier en me jetant à corps perdu dans les excès de toute espèce. Je devins, sous le nom de Lauricot, un bandit de bas étage, un pilier de tripot et de maison de débauche ; ma force physique était toujours la même ; mais mon énergie s'éteignit graduellement ; je ne pensais plus à vous, que pour vous accabler de melédiction et de mépris, et j'étais devenu moi-même l'un des êtres les plus méprisables du monde. Il fallait quelque grand événement pour me retremper ; cet événement, ce fut l'apparition des armées alliées sur le territoire français. J'entendais dire que des bandes

de cosaques irréguliers, marchant en avant, levaient des contributions sur les villages, pillaient, rançonnaient et faisaient un butin immense. Cela me rappela nos anciennes expéditions : je parvins à réunir quelques-uns de nos vieux compagnons, j'en recrutai de nouveaux, et je formai une compagnie de cosaques dont je me fis le capitaine.... Vous voyez, madame, que nous servons toujours sous le même drapeau.

—Je ne comprends pas cette nouvelle accusation.

—Ne niez pas. Est-ce que depuis quinze jours que je rôde dans les environs, je n'ai pas eu le temps de savoir à quoi m'en tenir? Monsieur le marquis est l'un des plus solides champions du comité royaliste qui s'agite à Paris.... Ne savez-vous pas que je suis aussi un peu diplomate? peut-être même suis-je un peu devin, car je pourrais vous dire tout ce qui s'est passé dans ce château depuis huit jours..... Je pourrais même vous dire ce que contient ce parchemin que j'aperçois à travers la gaze de votre fichu...

L'effroi de la marquise était à son comble; elle quitta avec effort son fauteuil, et elle se mit à genoux.

— Charles! Charles! s'écria-t-elle, au nom du ciel, ne soyez pas sans pitié!...... Oui, je suis bien coupable... oui, j'ai mérité votre colère... Vous êtes le maître de ma vie, de ma fortune, de mon honneur... mais vous n'êtes pas un homme sans cœur.....

— Je l'ai été, grâce à vous. Je devrais peut-être dire *comme vous*; mais il m'en est revenu un peu. Relevez-vous donc, je vous en prie, et laissez de côté cette lame trop lourde pour votre jolie main.

En parlant ainsi, il s'empara du poignard que madame de Gastelar avait laissé tomber à ses pieds, puis il releva la marquise qu'il replaça sur son fauteuil.

— C'est la paix que vous demandez, reprit-il ensuite, et c'était la paix que je venais vous offrir ; nous serons donc bientôt d'accord. Vous donnerez, dans ce château, un asile à mon protégé qui y sera en sûreté, grâce à ce parchemin... Je le viendrai voir quelquefois ; et, pour le reste, nous prendrons conseil des circonstances. Voilà mes conditions.

— Je les accepte, répondit-elle en lui tendant la main.

Pied-de-Fer prit cette main blanche et mignonne comme pour la porter à ses lèvres ; mais il la quitta presque aussitôt, et s'élança vers le balcon en s'écriant :

— Le diable m'emporte ! je crois qu'elle tenterait Dieu le père !

La marquise se leva et s'avança vers la fenêtre ; Pied-de-Fer avait disparu, emportant les chevilles de fer à l'aide desquelles il avait pu pénétrer près de son ancienne maîtresse.

XIV

Un champ de bataille.

Le 11 février 1814, l'armée française, qui depuis six mois combattait dans la proportion de un contre cinq, chassait les Russes et les Prussiens des environs de Montmirail, et mettait l'armée des alliés en pleine déroute. Toutefois, ce n'était pas sans faire lui-même des pertes énormes, que Napoléon obtenait ce brillant résultat : pendant six heures on se disputa le terrain pied à pied ; l'infanterie faisait feu presque à bout portant ; les artilleurs se mitraillaient à portée de pistolet. Pour avancer comme pour reculer, il fallait marcher sur des monceaux de cadavres. Le village de Marchais venait d'être enlevé pour la quatrième fois par deux bataillons que le feu de l'ennemi avait réduits de moitié. Ces braves soldats paraissaient résolus à s'y faire tuer tous jusqu'au dernier, et déjà, depuis deux heures, ils s'y maintenaient sous une grêle de balles, de boulets, de mitraille. Le canon russe faisait surtout d'affreux ravages dans les rangs de celui de ces bataillons qui s'était déployé autour de l'église, dans laquelle les blessés français, russes, prussiens, etc., étaient entassés pêle-mêle, et déjà l'une des compagnies de ce bataillon ne comptait plus qu'une douzaine d'hommes, commandés par un jeune sous-lieutenant, seul officier qui ne fût pas entièrement hors du combat, bien qu'un éclat d'obus l'eût atteint à la tête, qu'entourait un mouchoir ensanglanté.

— Sacredieu! caporal Leribois, disait le jeune officier à l'un des plus vieux soldats du bataillon, dans un moment où l'ennemi leur laissait un peu de répit, ce serait bien le cas de se rafraîchir d'un verre d'eau-de-vie ; à force d'avaler de la poudre, j'ai les parois du gosier qui se touchent...... Est-ce que votre femme et votre fille sont aujourd'hui dans les traînards?

—Elles sont là dedans, mon lieutenant, répondit le caporal en montrant l'église, et la besogne ne leur manque pas. D'ailleurs il fait trop chaud ici pour des femmes et je leur ai recommandé de se tenir au frais jusqu'à nouvel ordre.

— Bon! depuis quand la mère Leribois et la gentille Marie ont-elles peur du feu? Est-ce que, pour elles, comme pour vous, les boulets russes et prussiens ne sont pas de vieilles connaissances? Je me souviens qu'à Dresde, pendant que la terre tremblait sous le canon, Marie, le baril en sautoir et le verre à la main, suivait sa mère dans les rangs.

— C'est vrai, lieutenant; mais il y a déjà longtemps que nous avons du malheur; maintenant j'ai peur.

— Vous, caporal ?.... Je ne veux pas vous offenser, mais je dis que ça n'est pas vrai.

— Eh bien, si! j'ai peur des balles et des boulets pour ma femme et pour ma fille. Ah! vous ne savez peut-être pas, vous, lieutenant, ce que c'est que de trembler pour la vie de tout ce qu'on aime dans le monde.

Le jeune officier allait répliquer, lorsque le combat qui s'était ralenti un instant recommença avec furie.

— Serrez les rangs! cria le jeune sous-lieutenant qui faisait le coup de fusil comme un simple grenadier.

Et à sa voix les tristes débris de sa compagnie se serrèrent pour faire face à l'ennemi qui chargeait avec tant d'impétuosité, qu'en un instant les abords de l'église furent jonchés de nouveaux cadavres. Au plus fort de cette dernière attaque, deux femmes apparurent tout à coup, portant chacune un baril en sautoir, un verre à la main et une carabine sur l'épaule.

—Arrière! enfants, leur cria le caporal Leribois dès qu'il les aperçut, arrière!.... il pleut du fer et du plomb!

— Et bien ! soit, répondit la plus âgée des deux vivandières, il y a assez longtemps que nous sommes sous le parapluie, n'est-ce pas, Marie ?

— Il y a trop longtemps, mère, répondit la jeune fille, et je suis bien sûre que l'on nous attend par ici.

— Marie ! cria le caporal, qui venait de faire feu, et passait l'arme à gauche pour charger, la compagnie n'a plus soif ; regarde !

— Morts !.... tous morts ! dit la jeune fille. O mon Dieu, vous nous abandonnez !

En effet, la compagnie entière était anéantie : les derniers soldats et le sous-lieutenant venaient de tomber sous une volée de mitraille, ce qui n'empêchait pas le vieux caporal, resté seul, de brûler méthodiquement ses cartouches, sans trop se presser, afin que chacune de ses balles atteignît le but.

—Père, dit Marie en lui tendant un verre d'eau-de-vie, repliez-vous; vous voyez bien que vous ne pouvez tenir seul ici.

—Je crois que tu as raison, mon enfant, répondit le vieux soldat après avoir vidé le verre d'un seul trait; mais nous ne devons laisser ici que ce qu'il nous est impossible d'emporter.. Tiens, justement, voici le lieutenant qui en rappelle... Nom d'un bon Dieu! je ne veux pas le laisser achever par ces chiens enragés, quand j'ai encore deux paquets de cartouches sur les reins... Allons, enfants, la carabine au bout des bras!

Les deux femmes et le brave caporal firent feu en même temps sur quelques cavaliers ennemis qui s'avançaient, puis ils s'élancèrent vers le sous-lieutenant qui, atteint d'une balle à la poitrine, était tombé sur le coup, mais qui n'avait pas perdu connaissance, et cherchait à se relever. Les deux vivandières le soutinrent chacune sous un bras, et l'entraînèrent vers l'une des extrémités du village où se trouvait leur petite charrette. Le caporal marchait derrière, afin de soutenir la retraite, ce qui lui donna occasion de brûler ses dernières cartouches, toujours sans s'émouvoir, et en choisissant son homme pour chaque coup. On arriva ainsi jusqu'à la charrette dans laquelle le jeune officier fut placé le moins mal possible; les deux femmes se tinrent près de lui, et le vieux soldat sauta sur le brancart, tenant son fusil d'une main et de l'autre son sabre, à l'aide duquel il ne tarda pas à stimuler l'ardeur du vieux cheval de réforme qui composait à lui seul tout l'attelage. La charrette commença à rouler ainsi vers le lieu où l'on supposait que se trouvait l'ambulance ; mais il était difficile de s'orienter dans ces chemins vicinaux qui se croisent en tous sens, et dans lesquelles se ruaient pêle-mêne artillerie, infanterie, cavalerie, exécutant les mouvemnets stratégiques commandés par l'ordre de bataille, et se faisant jour par tous les moyens possibles à travers les convois de vivres, de munitions de guerre, de blessés.

—En plaine! cria Leribois dont la charrette se trouvait enclavée dans une longue suite de charriots et de caisons; tranchons dans le vif, mille milliards de dieux! ou nous n'arriverons que pour nous faire enterrer.

—Et comment faire pour quitter le chemin? demanda Marie.

— Comment? sacré triple diable! je vais vous le faire voir.

Et saisissant le moment où la charrette roulait sur une partie du chemin qui se trouvait de niveau avec la plaine, il tourna court, piqua le cheval avec la pointe de son sabre au lieu de le frapper du plat, et la charrette se trouva lancée à l'aventure au millieu des terres labourées. Le malheureux cheval, dont le sang ruisselait, marcha encore pendant quelques instants, mais bientôt ses forces furent entièrement épuisées, et il tomba pour ne plus se relever. Presque en même temps apparut à l'horizon une nuée de ces Cosaques irréguliers auxquels les paysans français faisaient la chasse comme à des bêtes fauves, espèces d'oiseaux de proie qui voltigeaient sur les flancs et à une grande distance des corps d'armée, pillant, fourrageant, tuant, brûlant, rançonnant, faisant parfois le coup de fusil de très loin, mais n'arrivant jamais sur le champ de bataille qu'après le dernier coup de canon, à l'instar des corbeaux que l'odeur de la poudre fait fuir, et qui sont attirés par la putréfaction des cadavres.

— Les Cosaques ! cria Marie.

— Et plus de cartouches ! dit le caporal avec désespoir. N'en avez-vous pas encore quelques-unes, enfants?

— Pas une ! pas une !

— Alors, reprit Leribois, je vais battre le briquet. Ça m'a quelquefois réussi après le passage de la Bérésina : une étincelle, un peu de fumée, il n'en faut pas davantage, les trois quarts du temps, pour se débarrasser de ces misérables moucherons du pays de la neige.

Et là dessus le brave caporal se mit à faire jouer la batterie de son fusil dont le canon était vide ; mais cette fois la ruse fut sans succès. Il en fut de même des balles envoyées par quelques tirailleurs éloignés qui escortaient les convois suivant la route; quelques-uns de leurs coups portèrent; deux ou trois hommes tombèrent, par-ci par-là; mais les autres n'en continuèrent pas moins de pousser en avant. Le caporal les voyant arriver toujours chargeant, sauta à bas de la charrette, s'adossa contre l'une des roues, mit un genou en terre, croisa la baïonnette et attendit la mort d'un front calme et serein, comme ces héros de l'antiquité qui s'estimaient heureux de mourir pour leur famille et leur patrie.

—Ils arrivent, ils arrivent! criaient Marie et sa mère.

— Je le vois bien, triple Dieu ! répondait Leribois. A toi mon sabre, femme; toi, Marie, prends l'épée du sous-lieutenant, et puis, ma foi, que le bon Dieu fasse le reste, et advienne que pourra !

Et cependant la nuée de Cosaques avançait menaçante, et semblait grossir à chaque pas. Bientôt un hourra terrible se fit entendre, et cette bande hideuse fondit sur la charrette. Leribois tomba le premier percé d'outre en outre d'un coup de lance; sa femme et sa fille se retranchèrent d'abord derrière la charrette, puis elles s'élancèrent à toutes jambes et parvinrent à gagner la route où défilaient les convois escortés. Tandis que cela se passait, le jeune sous-lieutenant s'efforçait de soulever sa tête ensanglantée, et saisissant l'un des pistolets cachés sous sa capote, il disait d'une voix faible et presque éteinte :

— A moi! à moi donc, vampires! Oh! les lâches! qui ont peur d'un mourant!

Ces paroles furent entendues par le chef de la bande, qui vint droit au jeune officier.

— Vous avez donc bien grande envie de mourir, mon garçon? dit-il rudement au jeune sous lieutenant.

— Un Français ! un Français ! s'écria le jeune homme ; ah ! c'est horrible !

Et il lâcha la détente, mais le coup ne partit point.

— Alors, mon cher, dit le chef de la bande, je vais vous épargner le déplaisir d'en voir et d'en entendre davantage.

Et prenant à son tour un des pistolets attachés par des courroies au-devant de la selle de son cheval, il en dirigea le canon vers le front du jeune officier.

— Pas encore ! s'écria le sous-lieutenant en relevant avec le fourreau de son épée l'arme qui le menaçait.

Puis, par un violent effort, il se souleva,

se mit à genoux sur la paille qui garnissait la charrette, et croisant les mains, il s'écria en levant les yeux vers le ciel :

— Adieu, ma mère! adieu, Régine!...

Ce dernier nom, prononcé à haute et intelligible voix, produisit sur le commandant des Cosaques un effet prodigieux ; son bras tendu s'abaissa sans lâcher la détente de l'arme, tandis que de l'autre main il serrait la bride de son cheval de manière à le faire cabrer; et comme ses gens arrivaient âpres à la curée, il se tourna vers eux en s'écriant :

— Halte ! repos !

Tous s'arrêtèrent; le chef seul fit encore un pas en avant; puis, se levant sur ses éperons et se penchant ainsi vers le jeune officier.

— Lieutenant, lui dit-il, êtes-vous Parisien ?

— Un Français ! s'écria de nouveau le jeune homme ; ah ! c'est trop de honte !

— Des scrupules !... il est charmant ! Au point où nous en sommes, la chose a vraiment son prix !... Voyons, mon brave, laissez-vous tirer d'un mauvais pas, et dites-moi si vous êtes de Paris ; que diable ! cela ne vous empêchera pas de mourir si vous en avez tant d'envie.

— Je suis Français ! cria le jeune homme en réunissant toutes ses forces.

— Oh ! je reconnais le Parisien ! Français de Paris, n'est-ce-pas?... Français de la cour des Fontaines?...

— Est-ce un rêve? se dit le jeune homme après avoir entendu ces paroles ; suis-je bien ici sur le champ de bataille, à la merci d'une sorte de chef de bande commandant des bêtes fauves déguisées en soldats ?...

— Mais parle donc, malheureux! dit l'officier qui écoutait haletant. Tu as nommé Régine; est-ce la Régine du Palais Royal?

— Régine! Régine!.... oui, oui!... oh! je ne veux plus mourir! Vous ne me tuerez pas, vous qui connaissez Régine..... O mon Dieu! je suis dans le délire.... j'ai le transport au cerveau....

Et le pauvre jeune homme, affaibli par la perte de son sang, retomba sur la paille qui garnissait le fond de la charrette, et perdit connaissance.

— C'est lui, se dit le chef de la bande, et le diable m'emporte! c'est un brave garçon !... Qu'est-ce que ça signifie, maître Pied-de-fer ? est-ce que vous seriez assez sot pour vous attendrir pour si peu? Eh bien! oui! au diable les manières et tout ce qu'on est convenu d'appeler le *respect humain...* Je veux être bon prince, et, sacredieu ! la rencontre en vaut bien la peine.

Sur un signe qu'il fit, celui de ses hommes qui était le plus près de lui mit pied à terre.

— Il faut remplacer ce cheval mort, et emmener la charrette, dit-il.

Ses hommes parurent trouver l'ordre quelque peu extraordinaire, car déjà deux ou trois d'entre eux avaient exploré la voiture, dont la cargaison ne leur avait pas paru mériter qu'il se missent en frais de transport. Mais pour tous le commandement du chef était la loi suprême; en conséquence, l'un des cavaliers attela son cheval à la charrette de la vivandière en remplacement du pauvre vieux coursier mort si honorablement sur le champ de bataille, puis tous ces oiseaux de proie prirent leur volée, et deux heures après ils s'abattaient, à trois lieues de là, dans une ferme où maîtres et valets les recevaient le chapeau à la main. Par l'ordre du chef, le jeune officier français fut placé dans le meilleur lit de la maison, et un exprès fut envoyé au bourg voisin pour amener un chirugien qui pût panser le blessé dont l'état empirait à chaque instant.

XIV

Un coin du cœur humain.

Il en est des malfaiteurs les plus endurcis comme des femmes galantes, qui ont parfois des retours de vertu, tout en conservant leurs amants. Rien n'est absolu en ce monde ; les meilleures natures ne sont pas à l'abri d'une mauvaise pensée, et les plus mauvaises peuvent céder à un bon sentiment. C'est ce qui était arrivé à Pied-de-Fer : enfant, ou plutôt bohémien de Paris, il était, comme on l'a vu, devenu successivement soldat, chauffeur, assassin, voleur de bas étage, puis enfin chef d'un corps franc avec lequel il faisait la guerre à son pays sous la protection tacite des puissances étrangères, toujours prêtes à accepter des auxiliaires quels qu'ils fussent.

Dans le même temps, le régiment où servait Adrien quittait l'Italie pour rejoindre la grande armée, à la vive satisfaction du jeune soldat, plus amoureux que jamais, et qui brûlait du désir de se distinguer afin de revenir près de sa chère Régine, paré de l'épaulette et de ce ruban rouge qui déjà avait opéré tant de prodiges. Malgré sa qualité de remplaçant, qui était une grande défaveur. il était promptement parvenu, grâce à son instruction, à son courage, à sa bonne conduite, au grade de sous-officier; l'intrépidité dont il avait fait preuve à la bataille de Lutzen, en enlevant, à la tête de quelques hommes, une batterie ennemie, lui avait valu la croix d'honneur, et peu de temps après il était fait officier sur le champ de bataille de Bautzen. Par malheur, cette campagne, commencée d'une manière si brillante, devait se terminer par d'épouvantables revers. L'armée dut rentrer en France, défendant pied à pied le terrain contre des forces formidables, grossissant ou se renouvelant à chaque instant.

Pied-de-Fer avait commencé ses opérations stratégiques de l'autre côté du Rhin. Afin d'assurer l'écoulement du butin qu'il ne pouvait manquer de faire, il s'était associé avec des juifs de Francfort et de Cologne auxquels il expédiait de temps à autres d'énormes cargaisons d'objets de toute espèce, ne gardant que l'or et l'argent dont il faisait de temps en temps des dépôts considérables dans des lieux déserts connus de lui seul. Une fois arrivé en France, il tint la campagne avec la plus grande facilité, ayant soin, comme nous l'avons dit, d'éviter tout engagement sérieux, ce qui lui était d'autant plus facile qu'il se faisait, lui et les siens, Russes ou Français, selon l'exigence des cas, se trouvant ainsi confondus avec une foule de corps francs qui surgissaient de toutes parts. On comprend tout le parti que pouvait tirer un tel homme des marches et contre marches continuelles des armées belligérantes. Au milieu de tout ce mouvement, ou plutôt de ce bouleversement général, il s'était créé des points d'appui, des retraites où on le recevait en libérateur; partout où il se trouvait obligé de séjourner quelque temps, il ne manquait pas de prendre sous sa protection quelque gros propriétaire campagnard, quelque riche fermier chez lesquels il s'établissait avec son monde, et qu'il défendait au besoin contre les bandes qui survenaient. Par ce moyen, il s'était ménagé, depuis les portes de Paris, pour ainsi dire, jusqu'au-delà du Rhin, des retraites et des amis sur lesquels il pouvait compter.

Telle était la situation des choses lors de la bataille de Montmirail, où le régiment d'Adrien fut presque entièrement anéanti ; Pied-de-Fer qui, dans certains cas, payait volontiers de sa personne, avait cédé, dans cette circonstance, à un sentiment qui jusqu'alors lui avait été à peu près inconnu : le nom de Régine, le souvenir des souffrances de cette pauvre enfant, de sa dernière entrevue avec elle, alors qu'il l'avait laissée presque mourante après s'être emparé de ces diamants qui lui avaient permis de se faire chef de bande, tout cela ; plus, peut-être, le courage, l'admirable résignation du jeune officier, avait fait vibrer dans son cœur une de ces cordes que l'on aurait pu croire brisées depuis longtemps par le crime et la débauche. Aux paroles prononcées avec tant de candeur par le brave sous-lieutenant, le bandit avait senti sa poitrine s'élargir, son sang avait circulé tout à coup avec plus de vitesse et de chaleur; cet homme, qui n'aimait plus rien, qui avait renoncé à toutes les douces joies du monde, venait de trouver un but ; une puissance secrète venait de lui révéler que désormais il ne tuerait plus pour tuer, qu'il ne volerait plus pour voler ; il lui sembla qu'il y aurait encore quelques heures de bonheur pour lui, d'un bonheur intime, inappréciable, à faire de ce jeune homme un des élus de cette terre, comme lui-même en était un des maudits.

— Merci diable, ou merci Dieu! disait-il entre ses dents, pendant que la charrette de la vivandière roulait vers l'une des fermes où il était assuré de trouver un asile inviolable; toujours est il, enfant, que tu es à moi... Va! je te ferai la vie large et belle... On t'a fait officier, chevalier de la Légion-d'Honneur; eh bien! moi, je te ferai prince, je te ferai roi, moi qui ne suis qu'un homme... peut-être même quelque chose de moins... Oh! je te dois bien ça pour m'avoir ravivé l'âme, moi qui ne vivais plus que par la chair!

On arriva à la ferme, où, ainsi que nous l'avons dit, Pied-de-Fer, ses gens, et le reste, avaient été reçus chapeau bas, comme des seigneurs et maîtres. Adrien fut installé dans la meilleure chambre de la maison. Tandis que plusieurs des hommes de l'audacieux bandit couraient au bourg voisin, Pied-de-Fer se tenait près du blessé, sur le visage duquel il jetait de l'eau fraîche en même temps qu'il lui tenait dans les narines une serviette imprégnée de vinaigre. Au bout de quelques instants, Adrien ouvrit les yeux, puis, peu à peu, la connaissance lui revint, et il regarda autour de lui avec étonnement.

— Bon! voilà que ça revient, dit Pied-de-Fer. Eh bien! mon brave, comment vous trouvez-vous?

Mais Adrien continuait à promener des regards étonnés sur tout ce qui l'environnait. Bientôt, cependant, le souvenir de tout ce qui s'était passé depuis le matin lui revint.

— Ah! dit-il, d'une voix faible, encore ce misérable! un Français qui aide à égorger ses frères.

— La tête est encore faible, dit Pied-de-Fer en l'interrompant, et ça n'est pas étonnant avec une balle dans les côtes et le crâne en compote... Retirez-vous tous; pour qu'il puisse se remettre, il faut avant tout du silence, du calme. Je resterai seul près de lui jusqu'à l'arrivée du médecin.

Les gens de la ferme obéirent, et Pied-de-Fer continua à donner ses soins au blessé.

— Mon brave, lui dit-il doucement, vous voyez bien que je ne suis pas un égorgeur si enragé, puisqu'il ne tenait qu'à moi de vous faire sauter la cervelle, et que vous voici dans un bon lit, chez de braves gens qui me sont dévoués, et qui vous soigneront comme leur fils, par la seule raison que le veux, et sans s'inquiéter de ce que vous êtes. Plus tard nous causerons de cela. Pour le moment je ne vous demande que votre parole de ne pas chercher à vous évader.

— Ainsi, je suis votre prisonnier ?

— Prisonnier sur parole ; c'est à dire libre comme l'air, dès que vous aurez promis de ne pas me quitter sans mon consentement.

— Mais cela ne vous rapportera rien, tandis que...

— C'est mon affaire, triple diable ! et le temps de s'expliquer là dessus n'est pas encore venu... Oh ! oh ! mon garçon, vous n'êtes pas au bout des surprises qui vous attendent...

— Il est vrai que tout ceci est bien extraordinaire...

— Assez causé. Votre parole ?

— Je vous la donne, répondit le jeune homme, pour l'amour de Régine... Mais dites-moi, je vous en prie...

— Plus un mot !... voici que vos lèvres blanchissent de nouveau... Flairez ce mouchoir et ne bougez pas... Ah ! mille chiens d'enfer ! si j'étais derrière cet animal de chirurgien, comme je lui ferais sentir l'éperon.

En parlant ainsi, il rajustait de son mieux les bandes de toile placées sur les blessures du jeune officier, et il s'efforçait de lui faire avaler un peu de vin pour lui rendre quelques forces. Il était encore occupé de ces soins deux heures après, lorsqu'un bruit de chevaux se fit entendre ; c'était ceux des deux hommes que Pied-de-Fer avait envoyés à la recherche d'un chirurgien, et qui, faute de mieux, amenaient en croupe le curé de Marchais, qu'ils avaient trouvé une trousse à la main, pansant les blessés dont son église était remplie. Cet excellent homme avait d'abord fait quelque difficulté de quitter les malheureux au milieu desquels il était depuis le matin, et dont quelques-uns avaient été ramassés par lui sous le feu de l'ennemi; mais l'un des bandits ayant menacé de l'attacher à la queue de son cheval et de l'emmener ainsi mort ou vif, il s'était résigné.

— Mille millions de diables ! s'écria Pied-de-Fer en voyant entrer, au lieu du chirurgien qu'il attendait, un homme en soutane et en rabat, où est mon bancal, que j'apprenne à ces chiens à marcher droit et à obéir à leur maître... Un prêtre ! canailles ! ils m'amènent un prêtre quand je demande un chirurgien !...

Et déjà il avait saisi son sabre déposé dans un coin de la chambre ; mais le curé, sans paraître effrayé de cette démonstration, marcha droit à lui, et lui saisissant le bras, il lui dit froidement :

— Calmez-vous, s'il vous plaît, et laissez cette lame dans le fourreau. Pensez-vous qu'il n'ait pas été assez répandu de sang aujourd'hui ?

— Allez au diable ! répliqua Pied-de-Fer furieux, c'est un chirurgien qu'il me faut !

— Eh bien ! où avez-vous vu qu'il soit interdit aux médecins de l'âme d'apprendre à guérir les plaies du corps; mais c'est déjà trop de paroles, ajouta le digne curé en déployant sa trousse et ouvrant une petite pharmacie portative; il s'agit de secourir ce blessé, n'est-ce pas ?

Et il s'avança vers le lit où Adrien était couché.

— Hum ! hum ! fit-il après avoir examiné le coup de feu, il y a là un morceau de plomb qu'il faudra aller chercher un peu loin ; mais, avec l'aide de Dieu, nous le trouverons. Allons, monsieur, faites appel à toute votre fermeté.

Adrien était tellement affaibli par la quantité de sang qu'il avait perdu que la parole lui manqua lorsqu'il voulut répondre, mais le curé le comprit au mouvement de ses lèvres, et, choisissant dans sa trousse son meilleur bistouri, il *débrida* la plaie en faisant d'une main ferme une large incision, puis il suivit avec la sonde le chemin qu'avait fait la balle, qu'il parvint, après quelques efforts, à atteindre, à saisir et à extraire. Adrien, pendant toute cette opération, n'avait pas fait un mouvement ; mais à peine fut-elle terminée que ses yeux se fermèrent de nouveau et il s'évanouit.

— Ah! mille noms de Dieu ! il va mourir ! s'écria Pied-de-Fer en se tordant les doigts avec rage et en serrant les dents.

— Et s'il devait en être ainsi, lui dit tranquillement le prêtre, pensez-vous que vos blasphêmes fussent capables de le retenir en ce monde? Il est possible que l'heure de ce jeune homme vienne bientôt, mais elle n'est pas venue.

Et tout en parlant ainsi il plaçait un premier appareil sur la blessure; il pansa ensuite celle que le jeune officier avait précédemment reçue à la tête, puis il écrivit quelques prescriptions, et il fit mine de se retirer en promettant de revenir le lendemain. Pied-de-Fer ne pouvait répondre; ce grand coupable, qui eût affronté tous les périls de ce monde, toutes les colères du ciel et de l'enfer, était tout-à-coup devenu humble et tremblant; à peine osait-il lever les yeux sur le vénérable prêtre qu'il avait d'abord si rudement accueilli.

— Monsieur le curé, dit-il enfin d'une

voix tellement émue qu'elle était à peine intelligible, j'ai eu tort, et je vois que le proverbe a raison : *L'habit ne fait pas le moine.* Ne me gardez pas rancune, et prenez cette bourse pour les besoins du culte.

— Je la prends pour les pauvres, monsieur, et ils sont nombreux, car la guerre nous a ruinés.

— Et vous me pardonnez ?

— Je n'ai point à vous pardonner, car vous ne m'avez point offensé ; mais je prierai Dieu afin qu'il vous fasse miséricorde.

Ces paroles, prononcées d'une voix à la fois grave et douce par un vieillard au front large, au regard vif et pur, et dont les vêtements étaient tout souillés du sang des victimes qu'il s'était efforcé d'arracher à la mort, tout cela acheva de troubler Pied-de-Fer, qui s'empressa de sortir, afin que ses gens ne pussent remarquer cette vive émotion dont il était honteux.

— Mille tonnerres! disait-il quelques instants après en parcourant les environs de la ferme, voilà une journée qui me donnerait presque l'envie de devenir honnête homme. Par malheur, il y a longtemps que la retraite est coupée de ce côté là... C'est égal, on ne peut pas toujours tuer, toujours piller; ça devient fatigant, ennuyeux, et il me semble qu'il y a moyen de se distraire en prenant de temps en temps le contrepied de la chose. D'autant plus que j'ai maintenant à moi seul plus d'or, de bijoux, de diamants que n'en possède le plus riche nabab... Et il ne faudrait qu'une once de plomb ou six pouces de fer un peu rudement envoyés à mon adresse pour que cela fût perdu pour tout le monde... Mille Dieux! si le pauvre garçon en réchappe, il sera curieux de voir la mine qu'il fera en apprenant qu'il est devenu tout d'un coup millionnaire... Par malheur, nous n'allons pas pouvoir rester ici bien longtemps ; on marche sur Paris, et les chiens que j'ai sous mes ordres ne sont pas d'humeur à arriver tous les jours les derniers à la curée... Pourtant il est indispensable que je ne perde pas de vue ce brave enfant... Allons, mille diables ! qui vivra verra !... Est-ce que par hasard je serais déjà assez vieux pour me faire ermite ?...

Et s'efforçant d'écarter les pensées importunes qui, pour la première fois, surgissaient dans son cerveau, le bandit rentra dans la ferme pour donner des ordres à son monde.

Cependant Adrien, dont quelques heures de repos et les soins les plus actifs avaient amélioré la situation, s'efforçait de deviner le motif de l'intérêt que ce chef de bande prenait à lui.

— Evidemment il connaît Régine, se disait-il ; c'est en entendant le nom de cette pauvre enfant qu'il a relevé l'arme destinée à m'achever.... Cher ange bien-aimé qui m'a sauvé la vie !... Et pourtant cet homme est un infâme, qui porte les armes contre sa patrie... Et je suis le prisonnier de ce monstre !...

Le jeune homme passa toute la nuit au milieu de l'agitation produite par ces pensées. Au point du jour, la porte de sa chambre, où brûlait une lampe, s'ouvrit lentement, un homme entra avec précaution, s'avança sur la pointe du pied, et fit signe de se retirer à une grosse servante qui veillait près du blessé. Cet homme était Pied-de-Fer.

— Eh bien ! mon cher enfant, dit-il en

s'efforçant de rendre sa voix douce, comment nous trouvons-nous ce matin?

— Assez bien, monsieur... monsieur.... Mais vous ne m'avez pas dit votre nom.

— Soyez tranquille, mon brave ami; vous le saurez quand il en sera temps, et vous verrez alors que les plus noirs ici ne sont pas les plus diables.

— Soit. Parlons donc d'autre chose, de Régine, par exemple, bonne et tendre enfant que vous connaissez, j'en suis sûr, puisque vous m'avez parlé de la cour des Fontaines.

— Eh! mon garçon, qu'est-ce qu'il y a là d'extraordinaire? une petite marchande qui...

— Non, non! vous parliez de la cour des Fontaines: Régine n'était pas marchande alors!...

Le jeune officier en parlant ainsi s'efforça de se dresser sur son séant; une vive rougeur colora les pommettes de ses joues, et son regard devint menaçant.

— C'est vrai, c'est vrai, dit Pied-de-Fer effrayé de l'exaltation du jeune homme; c'est que je l'ai connue auparavant, et puis ensuite... ensuite j'en ai entendu parler... par... par quelqu'un de sa connaissance... Eh bien! voyons, vous l'aimez, cette chère petite?... Mille diables! il n'y a pas de mal à cela... D'autant moins de mal que les choses peuvent s'arranger à la satisfaction générale. Mais le temps n'est pas venu de nous occuper de cela. Voyons, mon brave enfant, ajouta-t-il en se frappant la poitrine, est-ce que vous ne sentez pas quelque chose là qui vous dit que nous ne devons plus nous séparer... et que moi, qui ai subi toutes les tortures de ce monde, je suis destiné à vous faire vivre de la vie des élus?

— Comment voulez-vous que je comprenne ces énigmes?

— Oui, enfant, tu as raison ; c'est encore une énigme, et il en doit être ainsi pendant quelque temps. Mais il est toujours l'heure de prendre ses précautions ; écoute donc. Si, d'aventure, une balle venait à me trouer la peau, ou qu'un boulet, blanc ou bleu, du nord ou du sud, vint à me couper en deux, ce qui pourrait parfaitement arriver avant ta complète guérison; alors, mon brave enfant, tu irais trouver le curé de Marchais qui s'est fait ton chirurgien, et tu lui demanderais les papiers qui lui auront été confiés pour t'être remis dans cette circonstance ; tu briseras le cachet du paquet, et tu liras... Ah! ah! tu fronces le sourcil, ce me semble! tu ne veux pas, monsieur le sous-lieutenant, que je te tutoie, moi, ton maître et seigneur!... Il faudra pourtant bien en prendre votre parti, mon cher garçon, car il n'en sera pas autrement désormais... Et puis, j'ai votre parole, et nous verrons un peu, monsieur le chevalier de la Légion-d'Honneur, comment vous savez tenir la foi jurée. Vous êtes mon prisonnier, tonnerre ! mon prisonnier, à moi, chevalier ! Vous ne l'avez pas oublié, j'espère ?

— Non certes ; mais je m'aperçois que, pour un soldat de la Sibérie, vous avez l'esprit subtil, et que vous éludez aisément la question. Ainsi je parlais de Régine....

— Oui, oui, et nous en reparlerons. Pour le moment, pas une question de plus ; je n'y répondrais pas. Qu'il te suffise de savoir que le curé de Marchais a reçu de moi, cette nuit même, le paquet dont je t'ai parlé.

Plusieurs jours s'écoulèrent, à partir de

ce moment, pendant lesquels les armées belligérantes se livrèrent à des opérations stratégiques sans résultat. Le brave et digne ecclésiastique venait chaque jour visiter le blessé de la ferme, dont la situation s'améliorait peu, au grand désespoir de Pied-de-Fer que les manœuvres des diverses armées devaient bientôt obliger à quitter le pays.

— La guérison sera, dans tous les cas, fort longue, lui dit un jour le curé qu'il interrogeait ; peut-être même ne sera-t-elle jamais complète, et il n'est pas impossible que la mort du jeune officier soit prochaine, car tout danger de mort n'a point disparu. De plus savants que moi pourront vous en dire davantage.

Pied-de-Fer se le tint pour dit, et dès lors il se mit à chercher un asile pour son protégé. Bientôt il fallut aller en avant ; la ferme fut évacuée, et le blessé fut, avec les plus grandes précautions possibles, transporté à six lieues de là. « Dussé-je marcher avec mes seules forces, avait dit l'empereur de Russie, je suis sur la route de Paris, et je ne ferai point un pas en arrière. » Ce fut alors que l'ex-chauffeur, dans une de ces longues et audacieuses excursions qu'il faisait souvent à la tête des plus déterminés garnements de sa bande, pénétra jusqu'au château de Souvrecœur, qui lui rappelait à la fois de si doux instants et de si terribles jours ; il étudia les environs, qu'il connaissait déjà depuis longues années, et il pénétra même jusque dans l'intérieur de l'ancien manoir; bientôt, à l'aide de quelques pièces d'or, il eut des intelligences dans la place; il sut ce qu'avait été le marquis de Gastelar, devina ce qu'il devait être, et deux jours ne s'étaient pas écoulés depuis qu'il avait pénétré jusque là, que déjà il avait résolu de faire de ce château la résidence inviolable de son protégé, de ce jeune homme dont, presque malgré lui, et sans s'en rendre compte, il avait fait son idole.

L'amitié des hommes de cette trempe, lorsque l'amitié peut se faire jour dans leur cœur, acquiert promptement toute la violence de leurs autres passions, violence qui s'accroît encore en raison de la nouveauté de ce sentiment. Ainsi Pied-de-Fer maintenant, Pied-de-Fer, qui avait eu des compagnons et point d'amis, des compagnes de plaisirs et point de maîtresses; cet homme que, pendant quinze ans on eût pu croire sans entrailles, ce voleur, cet assassin, eût volontiers jeté sa vie dix fois au vent en une heure pour défendre celle du jeune officier qu'il avait failli tuer lui-même quelques jours auparavant. Le cœur humain est ainsi fait: le pourquoi de cela serait peut-être facile à trouver; mais il serait difficile à dire.

Telle était donc la situation des choses lorsque, le 25 mars, vers six heures du soir, une carriole d'osier assez mal suspendue, mais dont les banquettes avaient été remplacées par de bons matelats, et qui était escortée par une vingtaine d'hommes armés, se présenta à l'entrée principale du château de Souvrecœur. La grille s'ouvrit sans difficulté sur un mot du chef du chef du détachement, et quelques, instants après Adrien, couché dans l'une des chambres du pavillon oriental, recevait la visite d'un médecin renommé, mandé tout exprès de Fontainebleau.

FIN DU TOME PREMIER.

TABLE DES CHAPITRES DU TOME PREMIER.

		Page
Chap. I	Un caveau de la rue de Valois.	5
— II	Trente ans auparavant. — L'orgie. — Un roi au violon	29
— III	Le Bureau des mœurs. - Un protecteur.	63
— IV	Modistes et Libraires. — Les cabinets noir du café de l'empire.	81
— V	Un petit ménage. — Une femme perdue.	107
— VI	Préjan. — Le café des Variétés. — La brigade de sûreté.	129
— VII	Notre-Dame de bon secours. — Le bal sentimental.	157
— VIII	Le Palais-Royal à la fin de l'empire. — Le nid d'une jolie femme. — Les cent jours.	189
— IV	Une fantaisie de prince.	207
— X	Trahison. — Une prise d'assaut.	223
— XI	Les serviteurs de la bonne cause. — Une expédition de la police.	247
— XII	La prison. L'importance d'un espion.	269
— XIII	Une apparition.	285
— IXV	Un coin du cœur humain.	333

FIN DE LA TABLE.

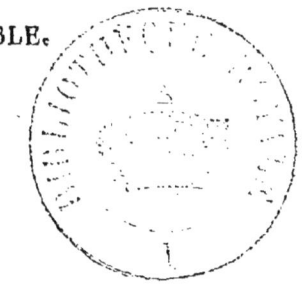

EN VENTE
Chez tous les Libraires,
d'ouvrages paraissant par

HISTOIRE
DE LA
RÉVOLUTION
FRANÇAISE
DEPUIS 89 JUSQU'A L'EMPIRE,

PAR M. TISSOT,
Membre de l'Académie Française.

6 beaux volumes in-8, contenant la matière de 10 vol., caractère neuf, ornés de 45 gravures sur acier dessinées par RAFFET et gravées par les premiers Artistes.

PRIX : 50 FR.

NOTA. Quoique l'ouvrage soit entièrement terminé, on peut, en souscrivant, ne retirer qu'un volume à la fois, ou même ne le prendre que par livraison de 50 cent.

On Souscrit à Paris :
CHEZ P. BAUDOUIN, IMPRIMEUR,
Rue des Boucheries St-Germain, 38.

Les Mille et une Nuits, Contes Arabes, par GALLAND, Membre de l'Académie des Inscriptions et Belles-Lettres, etc. 8 vol. in-18, ornés de 8 grav. sur acier. Prix broché : 2 fr.

Histoire de Manon Lescaut, par l'Abbé PRÉVOST, 1 beau vol. in-18 avec 2 jolies grav. sur acier. Prix : 60 c.

Histoire d'une jeune Vivandière de l'armée d'Afrique, 1 vol. in-18. Prix : 30 c.

www.ingramcontent.com/pod-product-compliance
Lightning Source LLC
Chambersburg PA
CBHW060056190426
43202CB00030B/1832